머나먼 곳으로

디자인: 존 콕킹, 피터 S. 윌리엄스
개발: 플랫랜드 게임즈
집필과 레이아웃: 피터 S. 윌리엄스
삽화: 존 호지슨, 에린 로우, 레리 맥도우갈, 세스 믹스
편집: 헤롤드 크랜포드 (수치 자료 제외)
교열: 앤 브레디
그래픽 감독: 제시 울프
플레이테스트: 콘트롤 그룹 B, 디 어드벤쳐러스, 5 스톤 게임즈, 데이비드 엔더슨, 드류 애플필드, 로리 캠벨, 헤롤드 크랜포드, 조엘 프리디, 스콧 리월츠, 피터 로빈스, 질리언 B. 윌리엄즈
숨은 도움: 제임스 콕킹

한국어판 번역: 오승한
한국어판 편집: 복희정

오비드, 그리고 너무도 일찍 너무 머나먼 곳으로 간 우리 동물친구들을 위해서.

한국어판 출판: 이야기와 놀이
ISBN 979-11-88546-25-1
정가: 22,000원
발행 주체: 판권 및 제작 - 이야기와 놀이, 유통 - TRPG CLUB

목차

소개글

울타리 너머, 또 다른 모험으로는 즉석에서 모여서 플레이할 수 있도록 만든 RPG입니다. 여러분은 캐릭터 플레이북과 시나리오 묶음으로 아무 준비 없이 한 세션을 완전히 플레이할 수 있습니다. 언제든 즉시 RPG를 플레이할 수 있다는 개념은 ***울타리 너머***의 주요한 목표였습니다.

하지만, 장기 캠페인에는 그 나름의 보상이 있습니다. 그리고 ***울타리 너머***를 꼭 첫 세션만 하고 끝내야 할 이유도 없습니다. ***머나먼 곳으로***는 ***울타리 너머***로 정식 캠페인을 하기 위해 필요한 세계를 최대한 힘을 합쳐 즐겁게 만들 방법을 소개하는 자료집입니다. 또한 ***머나먼 곳으로***에는 캠페인을 운영하는 데 필요한 조언과 새로운 마법, 새 경험치 규칙, 캐릭터 특성 등 추가 규칙도 들어있습니다.

다음은 ***울타리 너머***를 장기 캠페인으로 확장하는 모든 방법입니다. ***머나먼 곳으로***는 주로 '공유형 샌드박스' 형식의 캠페인을 어떻게 준비하는지 소개합니다.

전통적 캠페인

전통적 캠페인은 수십 년 동안 많은 판타지 RPG 플레이어들이 즐긴 방법입니다. 마스터는 지도와 몇 가지 이야기 고리가 있는 캠페인을 준비해서 캐릭터들에게 소개한 다음, 자유롭게 풀어 놓습니다. 마스터는 미리 세계를 만든 다음 사건을 전개하는 방식으로 캠페인을 시작할 수도 있고, 시나리오 묶음을 플레이한 다음에 '길은 이어지고' 표를 사용해 다음에 어떤 일이 발생할지 아이디어를 얻어서 시작할 수도 있습니다. 전통적 캠페인은 많은 준비가 필요합니다. 마스터는 캠페인을 제작하고 세션과 세션 사이에 플레이를 계속 유지하는데 많은 부담을 집니다.

시나리오 묶음 반복하기

플레이어들이 같은 캐릭터로 시나리오 묶음을 연달아 플레이하는 방법도 있습니다. 사악한 사교집단의 위협을 겪은 마을이 시간이 지난 다음에는 고블린에게 침략을 당할 수도 있는 법입니다. 심지어 같은 시나리오 묶음이라도 세부사항은 매번 달라지기 때문에 이미 플레이를 해 본 플레이어들이라고 해도 괜찮습니다. 이 방법은 아무 준비가 필요 없으며, 마스터가 세션 사이에 해야 할 일도 없습니다.

공유형 샌드박스

공유형 샌드박스에서 마스터와 플레이어들은 가능성이 열린 세계를 함께 만들고 발전시킵니다. 이 세계에서는 플레이어들이 만든 위험과 보상, 이야기 고리가 마을 바깥 황야에서 캐릭터들의 발길을 기다리고 있습니다. 우선 플레이어들은 차례대로 지도 위에 흥미로운 장소를 배치한 다음, 그 장소에 관한 전설이나 친구들 사이에 오가는 소문, 여행자들이 들려주는 경험담 등을 이야기합니다. 플레이에 들어서면 플레이어들은 그 장소를 탐사해서 자신들이 말한 이야기가 얼마나 사실인지, 어떤 보물과 위험이 캐릭터들을 기다리고 있는지 확인합니다. 공유형 샌드박스는 적은 준비로도 충분합니다. 마스터는 세션과 세션 사이에 몇 가지 준비를 해야 하지만 (특히 첫 세션을 시작하기 전에), 플레이어들이 부담을 덜어줄 것입니다.

공유형 샌드박스

장기 캠페인은 매우 보람찬 경험입니다. 플레이어들은 자신의 캐릭터들이 성장하고, 변하고, 때로는 죽어서 새 영웅으로 교체되는 모습을 볼 수 있습니다. 마스터는 계속 등장하는 악당들과 여러 세션을 들여 해결할 큰 위협이 등장하는 배경을 공들여 준비해야 합니다. 장기 캠페인은 단편이나 단기간 플레이에서 맛볼 수 없는 기회를 줍니다.

하지만 마스터는 장기 캠페인 동안 세션마다 던전을 준비하고, 악당이 세울 정교한 계획을 고안하고, 캐릭터들이 만날 수많은 NPC 목록을 제작하는 등 많은 일을 할 책임을 지기 때문에 큰 부담을 느낄 수도 있습니다. 많은 마스터가 장기 캠페인을 하다가 녹초가 되어버리며, 플레이어들은 흐지부지 끝난 탓에 매듭짓지 못한 멋진 캠페인에 관한 아쉬움만 늘어납니다.

플레이어들 역시 전통적 캠페인에 불만을 품을 때도 있습니다. 플레이어들은 종종 캠페인이 마스터의 소유물이며, 자신들은 그저 관객에 불과하다는 느낌을 받습니다. 그렇기 때문에 플레이어들은 게임에 좀 더 많은 발언권을 행사하고 싶어 합니다. 또 어떤 경우 플레이어들은 자신들의 캐릭터가 그다지 중요한 인물이 아니며, 마스터만이 모든 것을 통제하고 있다는 느낌을 받기도 합니다. 이러한 불만은 플레이에 대한 무관심으로 이어집니다. 심지어 이러한 상황에 흥미를 잃고 정나미가 떨어져 플레이를 완전히 떠나는 플레이어도 있습니다.

공유형 샌드박스 캠페인은 이 두 가지 문제를 동시에 해결하려는 시도입니다. 설명에 앞서, 우선 샌드박스 캠페인이 무엇인지 이해할 필요가 있습니다.

샌드박스?

샌드박스 게임은 아마 가장 먼저 만들어진 RPG 캠페인 형태일 것입니다. 샌드박스 플레이에는 미리 짜인 "플롯"이 없으며, 마스터 역시 특별한 이야기를 염두에 두지 않습니다. 마스터는 플레이어들이 탐험하고 싶을 만한 흥미진진한 무대를 만들고, 플레이어들은 캐릭터를 만들어 어디든 자유롭게 원하는 곳으로 갑니다. 그러므로, 이러한 플레이 형식은 '샌드박스(모래 상자) 게임'이라고 불립니다. 플레이어들은 모래 상자에 들어가는 아이들처럼 플레이를 하기 위해 커다란 무대로 들어가지만, 이곳에서 무엇을 할지는 플레이어들의 마음입니다.

예를 들어, 마스터가 난폭한 오거 무리가 차지한 동굴을 서쪽 땅에 만들었다면, 플레이어들은 동굴로 가서 오거를 만날 수도 있고, 원한다면 가지 않을 수도 있습니다. 마스터는 오거를 봤다는 여행자들의 말을 남기거나, 서쪽에서 오던 여행하는 상단이 실종되었다는 소식 등을 만들어 캐릭터들이 게임 속에서 따라갈 이야기 고리를 만들 수도 있습니다. 하지만, 아마 다른 이야기 고리들도 동시에 여러 개가 등장할 것입니다. 저희가 가정하는 샌드박스 게임의 마스터는 분명 동쪽의 귀신들린 집이나 북쪽의 사악한 마법사에 관한 계획도 준비한 다음, 플레이어들 눈앞에 이러한 고리들을 내보일 것입니다.

샌드박스 게임에서 캐릭터들이 무슨 동기를 가질지는 플레이어들이 선택하기 나름입니다. 이 세상에는 분명히 무찌를 악이 있고, 찾을 보물이 있으며, 이룰 업적이 있습니다. 하지만 캐릭터가 어떤 모험에 관심이 있으며 왜 고향을 떠나 위험한 야생지대로 떠나는지는 플레이어들이 정해야 합니다. 그러므로, 샌드박스 플레이는 보통 기꺼이 모험을 떠날 마음을 먹고 앞장서서 목적지를 정하는 주도적인 플레이어들과 궁합이 잘 맞습니다. 사실, 어떤 RPG인들은 플레이어들이 단순히 눈앞에 놓인 모험을 기다리는 대신 적극적으로 게임에 뛰어들도록 유도하기 위해 샌드박스 플레이를 사용할 것을 제안합니다.

샌드박스 플레이는 여러 가지 이유로 무척 매력적인 게임입니다. 무엇보다도, RPG의 가장 즐거운 부분은 살아 숨쉬는 세계에 흠뻑 빠져 자신을 그 세계 속 인물로 상상하는 재미입니다. 샌드박스 플레이는 이러한 느낌을 부풀립니다. 여러분은 정말로 어디든 갈 수 있고, 무엇이든 할 수 있습니다. 비록 어떤 대가가 따를지는 모를 수도 있지만 말입니다. 둘째로, 멋진 이야기는 때로 마스터의 계획이나 미리 제작된 상용 시나리오가 아닌, 플레이 중 유기적으로 발생한 결과에서 나오기도 합니다. 샌드박스 플레이는 이러한 종류의 이야기를 권장합니다.

업무 분담하기

샌드박스를 만들 때 마스터가 처음부터 끝까지 모든 일을 떠맡아 할 이유는 없습니다. 플레이어들도 풍부한 상상력을 가지고 있고, 보통 자기 생각이 게임 속에 생생하게 구현되기를 바랍니다. 테이블 참가자들이 머리를 맞댄다면 여러 가지 멋진 아이디어를 함께 구상해서 게임무대를 만들 수 있습니다. 이렇게 만든 세계는 모든 플레이어의 관심사를 최소한 어느 정도씩은 반영할 수 있습니다.

불가사의의 중요성

다 같이 샌드박스를 만들 때 발생하는 단 하나의 문제는, 바로 캠페인의 가장 중요한 요소인 바깥세상의 신비, 그리고 탐험과 발견의 즐거움을 망가뜨릴 수 있다는 점입니다. 플레이어들이 마을 너머에 무엇이 있는지, 어디에 악당이 있는지를 정확하게 안다면 샌드박스의 재미는 줄어듭니다.

그렇다면, 플레이어들에게 게임 무대에 관한 정보를 마스터만큼 많이 만들도록 허락하되, 동시에 이 정보가 얼마나 정확한지 알 수 없도록 하는 방법이 해결책일 것입니다. 그러므로 플레이어는 마음껏 PC들이 플레이할 세계의 신화와 민담, 소문 등을 만들 수 있습니다. 이렇게 만든 이야기는 지도에 위치로 나타내며, 캐릭터들이 탐사할 흥미로운 현장이자 악과 위험이 도사리는 장소가 됩니다. 하지만, 그 다음 플레이어와 마스터는 능력치 판정을 해서 그 이야기가 얼마나 사실인지 정해야 합니다.

지도 만들기

공유형 샌드박스 제작의 첫 번째 단계는 지도 만들기입니다. 테이블 참가자들은 지도를 만들 때 다 같이 참여하며, 마스터는 플레이어들이 내놓은 내용을 변경해서 좀 더 정확한 지도를 비밀리에 완성합니다. 이러한 과정 덕분에, 공유형 샌드박스 캠페인에서는 준비할 내용이 적습니다. 마스터가 처리할 일은 분명히 있지만, 플레이어들이 내놓는 아이디어와 도움 덕분에 큰 짐을 덜 수 있습니다.

지도를 만드는 과정은 어느 정도 시간이 필요하기 때문에, 첫 번째 세션은 캠페인 준비에 전념할 것을 권장합니다. 아마 캐릭터를 만들고, 간단하게 마을 지도를 그린 다음 샌드박스까지 완성할 시간은 충분할 것입니다. 다른 방법으로, 첫 번째 세션에서는 캐릭터를 만들고 원래대로 시나리오 묶음을 플레이한 다음 두 번째 세션에서 샌드박스를 만들 수도 있습니다. 어느 방법을 사용하든 플레이어들은 지도를 만들기 전에 캐릭터부터 만들어야 합니다.

현재 단계에서는 장소들의 정확한 거리나 위치보다는 대략적인 방향에 더 신경을 써야 하므로, 우선 빈 종이나 책 뒷면의 캠페인 제작표를 사용해 지도를 그리세요. 마스터는 모든 캐릭터가 마을 출신 외의 다른 배경을 선택한 특수한 상황이 아닌 이상 지도 중앙에 캐릭터들의 고향 마을을 배치해야 합니다. 마을과 매우 가까운 곳에는 보통 플레이북에 명시된 대로 귀족의 영지나 다른 중요한 장소가 있을 것입니다.

각 플레이어는 다음 페이지에 설명된 과정을 사용해서 차례대로 주요 장소를 만듭니다. 지도 위에 만드는 주요 장소의 수는 테이블 참가자들이 결정합니다. 캠페인의 길이가 얼마나 될지, 플레이어들이 얼마만큼 만들고 싶어 할지, 지도의 크기를 얼마나 크게 만들지에 따라 정하세요. 저희는 대략 200마일(320km) 정도 크기 지도에 플레이어들이 각자 주요한 장소를 두 군데씩 정할 것을 추천합니다. 각 플레이어들은 왼쪽으로 돌아가면서 주요 장소를 한 번에 하나씩 만듭니다.

게임에 등장할 주요 장소를 모두 만들었으면, 만든 장소들을 꾸밀 차례입니다. 각 플레이어는 지도 위의 주요 장소를 한 군데 선택해 정보를 조금씩 덧붙입니다. 선택할 때는 반드시 다른 플레이어가 만든 장소를 골라야 합니다.

마스터는 이 간략하게 만든 지도를 검토해서 주요 장소 사이에 있는 소규모 장소를 몇 군데 추가하고, 산맥이나 삼림지대 같은 커다란 지역이 들어갈 위치를 결정하며, 주요 장소의 세부사항을 정해야 합니다. 다 끝났으면, 마스터는 이 정보를 바탕으로 더욱 정확한 최종본 지도를 만듭니다.

위험요소

이 책의 세 번째 장은 여러분 캠페인에 악당과 커다란 위험을 제공할 위험요소를 어떻게 사용할지 소개합니다. 위험요소는 캐릭터 만들기와 공유형 샌드박스 제작 과정 모두와 긴밀한 연관이 있습니다. 여러분은 캐릭터와 지도를 만드는 동안 각 위험요소에 나온 설명에 따라 사전 준비를 해야 합니다. 만약 위험요소를 사용하기로 했다면, 캠페인에 어떤 위험요소가 등장하는지 알아두는 편이 좋습니다.

주요 장소

주요 장소는 지도에서 가장 중요한 지점입니다. 주요 장소는 수많은 모험이 벌어지는 자리이며, 지도의 다른 부분에도 영향을 끼칩니다. 주요 장소는 반드시 플레이어들이 여기서 몇 세션 동안 플레이를 할 수 있을 만한 장소여야 합니다. 캐릭터들이 물건을 사고, 지식을 배우고, 부하들을 얻기 위해 몇 번이고 방문하는 남쪽의 도시는 주요 장소의 좋은 예입니다. 이 도시에서 플레이어들은 살인 사건을 조사하고, 상인들의 분쟁을 해결하고, 하수구에 도사리는 괴물의 위협을 박멸하고, 다른 장소로 가기 위해 잠시 머무는 등 셀 수 없는 모험을 펼칠 수 있습니다. 그뿐만 아니라, 이러한 도시는 지도 위의 다른 장소에도 영향을 미칩니다. 분명 마스터는 도시의 위치를 보고 이 근처 전체의 무역이나 축제가 어떻게 벌어질지 아이디어를 얻을 수 있을 것입니다.

만약 던전을 주요 장소로 정했다면, 이곳은 단순히 고블린 부족이 지내는 작은 동굴이 아니라 캐릭터들이 탐사를 완전히 끝낼 때까지 여러 번 들락날락하면서 보물을 얻을 수 있는 굴과 방이 광대하게 퍼진 거대한 고블린 소굴일 것입니다. 만약 주요 장소가 요정의 손길이 닿은 땅이라면, 이곳은 그저 친절한 브라우니의 집이 아닌 분명 위대한 엘프 군주의 궁정일 것입니다.

주요 장소를 지도 위에 만들려면 우선 시작 플레이어를 정하세요. 시작 플레이어는 지도에서 주요 장소가 위치할 대략적인 방향을 (동, 서, 남, 북, 북서 등) 정한 다음, 이 장소가 마을에서 얼마나 떨어졌는지 다음 세 가지 거리 범주 중 하나를 선택합니다: 가까움 (마을에서 20~40마일(32~64km) 떨어짐), 중간 (마을에서 40~80마일(64~128km) 떨어짐), 멂 (마을에서 80마일(128km) 이상 떨어짐). 각 플레이어는 앞 사람이 선택하지 않은 방향과 거리를 돌아가면서 고르세요. 즉, 누군가 마을과 가까운 거리에 주요 장소를 만들었다면, 나머지 플레이어들이 중간 거리와 먼 거리에 주요 장소를 만든 다음에 가까운 거리를 다시 선택할 수 있습니다.

울타리 너머의 캠페인 제작표는 각 거리 범주를 마을 주위에 색깔을 둘러서 나타냈습니다. 이 제작표는 책 뒷면에 소개되어 있으며, 이야기와 놀이 블로그(http://blog.storygames.kr/)에서도 받을 수 있습니다.

그다음, 각 플레이어는 1d8을 굴려서 자신이 만들 주요 장소가 다음 중 어떤 종류인지 결정합니다.

1. 주요 도시

주요 도시는 이 일대에서 무역과 생산의 중심지 역할을 하는 중요한 핵심 도시로, 마을의 아이들에게는 신기하면서도 무시무시한 장소일 것입니다. 도시에서는 끝없는 모험이 펼쳐질 수 있습니다.

지도 위에 이미 다른 주요 도시가 있다면, 이 결과를 무시하고 주사위를 다시 굴리거나 그냥 다른 결과를 선택해도 좋습니다. 혹은 반대로 이처럼 큰 도시들이 왜 이렇게 서로 가깝게 있는지 이유를 만들어도 좋습니다.

2. 고대 폐허

고대 폐허는 옛 문명의 흔적입니다. 지도 위의 폐허는 모두 같은 문화의 폐허일 수도 있지만, 때로는 여러 문화가 섞여 있습니다. 사라진 문명은 인간의 문명이었을 수도 있고, 아닐 수도 있습니다.

잊힌 왕들이 잠든 고분, 수많은 괴물 무리의 본거지가 된 무너진 저택과 그 주변 일대, 건드려서는 안 될 악을 봉인한 기이한 사원 밑의 동굴 등이 고대 폐허의 예입니다.

3. 인간 정착지

인간 정착지는 다른 마을이나 귀족의 영지, 그 외 다른 모습으로 사는 인간들의 정착지를 나타냅니다. 인간 정착지는 캐릭터의 마을과 같은 문화권일 수도 있지만, 북쪽에 있는 야만인 마을이거나, 외세가 점령한 귀족의 장원일 수도 있습니다. 인간 정착지는 규모가 작더라도 주요 장소인 만큼 무언가 중요하거나 흔치 않은 장소일 것입니다. 어느 경우이든, 인간 정착지는 규모나 중요성 면에서 대략 캐릭터들의 마을과 비슷합니다.

캐릭터들의 군주와 전쟁을 치른 적 귀족의 장원, 기이하고 위험한 사교집단의 본거지라는 소문이 도는 마을, 캐릭터들의 고향과 근접한 대제국의 전초기지 등이 인간 정착지의 예입니다.

4. 최근 생긴 폐허

최근 생긴 폐허는 무관심 속에 오래 방치되었거나, 끔찍한 일이 발생해 버려진 장소입니다. 이곳이 폐허가 된 시기는 어쩌면 몇 세대 전일 수도 있으나, PC들이 살아가는 문화권과 시대 안에서 벌어진 일이기 때문에 "최근"이라고 일컫습니다. 최근 생긴 폐허는 십중팔구 원래 살던 사람들에게는 버려진 장소지만, 어쩌면 다른 사람들이나 괴물들이 와서 살지도 모릅니다.

10년 전 끔찍한 질병이 일어난 후 버려진 귀신 붙은 마을, 누가 팠는지 모르는 땅굴과 연결된 방치된 감시탑, 어떤 괴수의 난동 때문에 사람들이 모두 죽고 이제는 타락한 자연의 정령들의 소굴이 된 어느 마을 등이 최근 생긴 폐허의 예입니다.

5. 비인간 정착지

비인간 정착지는 인간과 다른 종족의 정착지를 통틀어 일컫는 장소입니다. 이 정착지에 사는 종족이 누구인지에 따라 캠페인의 분위기가 크게 달라집니다.

요정들의 대궁정, 갖가지 기이한 재보로 가득 찬 숨겨진 드워프 요새, 인간들과 거리낌 없이 교역하기를 원하는 문명화된 고블린들의 마을 등이 비인간 정착지의 예입니다.

6. 괴물 소굴

괴물 소굴은 단순히 조금 강력한 괴물 한두 마리가 사는 곳이 아닙니다. 수많은 괴물이 모여 사는 거주지나 무척 강력한 괴물 한 마리가 각종 보물을 쌓아 두고 철저하게 지키는 장소 정도가 되어야 괴물 소굴이라고 할 수 있습니다.

용의 소굴, 하급 신과 추종자들이 이 땅에 만들어 놓은 거처, 지상에서는 찾아볼 수 없는 기이하고 위험한 괴물들이 우글거리는 길고 거대한 동굴 등이 괴물 소굴의 예입니다.

7. 힘의 원천

힘의 원천은 극도로 위험하지만, 많은 사람이 탐내는 마법의 힘이 모인 장소입니다. 이러한 장소를 애써 찾아갈 만큼 용감한 이들은 극히 드물지만, 그만한 용기를 갖춘 사람들은 매우 집요하면서도 똑똑할 가능성이 큽니다.

미친 대마법사가 만든 괴물들이 거주하는 탑, 주변 땅을 뒤틀어 버리는 마력의 소용돌이, 위대한 정령의 왕좌 등이 힘의 원천의 예입니다.

8. 다른 세계

다른 세계는 이 세상과는 전혀 다른 차원과 접한 장소로, 보통 두 차원, 혹은 그 이상의 차원에 걸쳐서 동시에 존재합니다. 부주의한 여행자는 돌아갈 길이 없는 먼 곳으로 가게 됩니다.

아카디아와 맞닿아 있는 요정들의 언덕, 혼돈의 차원으로 통하는 차원문, 대지의 원소 차원으로 통하는 동굴 등이 다른 세계의 예입니다.

주요 장소의 방향과 거리를 정한 다음, 플레이어는 자기 캐릭터가 그 장소를 연구했는지, 직접 목격했는지, 혹은 소문을 들었는지 정합니다. 캐릭터는 지난 봄에 집에서 멀리 떨어진 곳을 떠돌다가 우연히 그 장소에 들러 누가 사는지 목격했나요? 아니면 그저 장소에 관한 옛 이야기를 접했나요?

플레이어는 이 정보를 사용해서 자신이 만든 장소의 이야기 고리를 제작하고, 자기 캐릭터가 그 장소를 연구했는지, 직접 목격했는지, 아니면 소문을 들었는지 정할 수 있습니다.

예: 존은 마을 가까이에 자기 캐릭터가 목격한 장소를 만듭니다. 주사위 결과는 4가 나와서, 최근 생긴 폐허로 결정했습니다. 존은 이 폐허가 마을 장로들이 어렸을 적 참전한 대전에서 고블린들에게 죽은 애쉬스피어 경의 요새라고 정합니다. 존의 캐릭터인 젊은 숲사람 가레스는 언젠가 마을 가까이에 있는 유적을 떠돌다가 언덕 위에 세워졌던 탑의 잔해를 목격합니다. 그뿐만 아니라, 존은 가레스가 유적 주변을 어슬렁대는 작은 사람들을 목격했으며, 가레스는 이들이 무너져 가는 요새를 점거한 고블린일 것이라 믿는다고 정했습니다.

망설이는 플레이어

플레이어들은 때로 창의적인 아이디어가 떠오르지 않을 수도 있고, 발상에 많은 시간을 들여야 할 수도 있습니다. 괜찮습니다. 플레이어는 원한다면 주요 장소를 만들 때 얼마든지 자기 차례를 건너뛸 수도 있고, 주사위를 굴려서 주요 장소의 종류를 정한 다음 이곳이 어떤 장소일지 몇 분 동안 생각할 수도 있습니다. 명심하세요. 여러분은 한 세션 전체를 들여서 지도를 만들고 있습니다. 그러니 간식도 좀 먹으면서 느긋하게 정하세요.

극단적인 경우, 장소를 만드는 데에 별다른 흥미를 보이지 않는 플레이어가 한두 명 정도 있을지도 모릅니다. 만약 그렇다면, 관심없는 플레이어들이 다른 일을 하면서 시간을 보내는 동안, 적극적으로 참여하는 다른 플레이어들이 장소를 만들게 하세요. 관심없는 플레이어들도 나중에 아이디어가 떠오르면 그때 정보를 덧붙일 수 있습니다.

> ### 주요 장소 점검표
>
> *플레이어들은 돌아가면서 다음 과정을 두 번 반복합니다.*
>
> *1) 새로운 방향과 거리를 선택합니다.*
>
> *2) 1d8을 굴립니다:*
>
> *1. 주요 도시, 2. 고대 폐허, 3. 인간 정착지, 4. 최근 생긴 폐허, 5. 비인간 정착지, 6. 괴물 소굴, 7. 힘의 원천, 8. 다른 세계*
>
> *3) 연구, 목격, 소문 중 하나를 선택합니다.*
>
> *4) 자신이 만든 정보를 이야기하고, 마스터가 비밀리에 정보 확인 판정을 하는 동안 기다립니다.*

이 단계는 플레이어들이 처음 캐릭터를 만들었을 때 캐릭터 플레이북에서 어떤 결과가 나왔는지, 혹은 플레이어들이 시나리오 묶음으로 플레이했다면 첫 세션에서 무슨 일이 발생했는지 되새길 좋은 기회입니다. 젊은 숲사람이 숲의 어두운 중심부를 발견했나요? 주요 장소로 만들기 좋아 보입니다. 독학 마법사가 굶주린 영을 퇴치했나요? 마스터는 이 결과를 보고 영의 세계와 맞닿아 있는 옛 힘의 원천에 관해 좋은 아이디어를 얻을 수 있을지도 모릅니다. 캐릭터들이 시나리오 묶음에 등장한 고블린 부족을 격퇴했나요? 그렇다면, 또 다른 고블린 부족이 바깥에 더 있을지도 모릅니다. 고블린 왕의 거대 소굴은 주요 장소로 만들기에 안성맞춤입니다.

주요 장소를 어떻게 만들지 어느 정도 논의를 마쳤으면, 이제 캐릭터가 그 장소에 대해 가진 정보가 얼마나 정확한지 확인할 시간입니다. 정보 확인은 능력치 판정과 마찬가지로 20면체를 굴린 결과가 기능 수정치를 더한 능력치 이하로 나오면 성공이지만, 한 가지 중요한 차이점이 있습니다. 정보 확인은 마스터가 비밀리에 판정한 다음 그 결과를 기록하므로, 플레이어는 자신이 생각한 그 장소의 정보가 올바른지, 부정확한지 알지 못합니다. 정보의 불확실성은 샌드박스의 신비를 지키는 중요한 요소이며, 플레이어들에게 캐릭터들을 보내 장소를 탐사할 동기를 줍니다. 정보 확인을 위한 능력치는 캐릭터가 어떤 식으로 장소에 대한 정보를 얻었는지에 따라 정해집니다.

연구 (지능)

이 장소에 전해지는 이야기와 전설을 마을 사람들에게 듣거나, 책을 (혹은 고대의 조각품, 땅속에 묻어두었던 양피지, 그 외의 다른 자료를) 읽은 캐릭터는 그 장소를 연구한 것입니다. 정보의 정확성은 **지능**으로 판정하며, 고대 역사나 민간전승 같은 학문 기능이 있으면 도움이 됩니다.

목격 (지혜)

고향을 떠나 해당 장소를 개인적으로 접한 캐릭터는 그 장소를 목격한 것입니다. 목격은 보통 직접 그 장소를 눈으로 보는 것을 의미하지만, 그 장소와 연관이 있는 확실한 증거를 (언덕으로 향하는 도적 떼를 발견하고 몰래 숨겨진 동굴로 따라가는 행동 등) 찾은 것도 목격으로 간주합니다. 목격한 내용의 진상을 깨달으려면 **지혜**로 판정하며, 생존술이나 방향 감각 같은 여행 및 탐험 기능이 있으면 도움이 됩니다.

> ### 공유형 샌드박스와 다른 게임
>
> *공유형 샌드박스에서 소개한 캠페인 제작 방법은 다른 RPG로 쉽게 옮길 수 있습니다. 대부분 RPG에서는 학문이나 사회 판정을 간단하게 처리하는 규칙이 있습니다. 해당 게임에서 사용하는 적합한 규칙을 사용해서 플레이어들이 만든 정보가 진실인지 판정한 다음, 평소대로 지도를 만드세요.*

소문 (매력)

때로 캐릭터는 그 장소에 떠도는 소문을 다른 여행자나 마을 사람에게 들을 수도 있습니다. '연구' 항목의 전설이나 신화와는 달리, 소문은 고대의 역사가 아닌 현재 마을에서 도는 갖가지 이야기와 주의 사항, 단서 등을 나타냅니다. 정확한 소문을 들으려면 **매력**으로 판정하며, 소문이나 매혹처럼 사교 기능이 있으면 도움이 됩니다.

플레이어는 각 방법을 한 번씩만 선택할 수 있습니다. 만약 어느 플레이어가 첫 번째 방법으로 소문을 선택했다면, 두 번째 방법은 연구나 목격이어야 합니다. 이 판정은 캐릭터들이 각각 치르는 판정이기 때문에, 다른 캐릭터들은 정보 확인 판정을 도울 수 없습니다. 정보 확인 판정이 잘 나올수록 캐릭터가 아는 사실은 더욱 정확합니다. 다음 지침을 사용하세요:

10 이상 실패 - 캐릭터는 해당 장소에 대해 심각하게 오해하고 있습니다. 이 오해는 매우 위험한 결과를 초래할 것입니다. 마스터는 플레이어가 설명한 내용을 크게 수정해야 합니다. 예: 고블린의 동굴이라고 생각했던 장소는 사실 매우 위험한 용이 잠든 곳입니다. 은둔한 마법사의 탑은 사실 오래전 잊힌 신을 봉인한 무덤입니다.

10 미만 실패 - 정보의 상당 부분은 정확하지만 중요한 세부 내용이 빠져 있거나, 작은 부분이긴 하지만 기본적인 전제가 틀려 있습니다. 예: 고블린 동굴인 것은 사실이지만, 훨씬 더 멀리 동쪽에 있습니다. 마법사의 탑은 사실 오래전 버려졌고 이제는 언데드들이 득시글댑니다.

10 미만 성공 - 캐릭터는 해당 장소를 비교적 정확히 알고 있지만, 여전히 풀어야 할 수수께끼가 남아 있습니다. 예: 동쪽에 고블린 동굴이 있다는 정보는 사실입니다. 하지만 캐릭터는 동굴의 구조나, 누가 고블린들을 이끄는지 알지 못합니다. 캐릭터는 분명 마법사의 탑을 목격했습니다. 하지만 마법사가 무슨 목적으로 탑을 세웠는지, 마법사가 어떤 자인지는 아직 모릅니다.

10 이상 성공 - 캐릭터가 가진 정보는 모두 사실이며, 사실 캐릭터는 그 이상으로 더욱 잘 알고 있습니다. 마스터는 해당 장소의 정보에 구체적으로 살을 붙일 때, 플레이어에게 더욱 정확한 정보를 주세요. 예: 고블린 동굴의 대략적인 지도, 마법사 탑에 숨겨진 보물 창고의 위치.

예: 존은 가레스가 폐허가 된 요새를 목격한 적이 있다고 정했습니다. 마스터는 비밀리에 가레스의 **지혜** *수치를 가지고 판정합니다. 가레스의* **지혜***는 13이며, 생존술 덕분에 +2를 더해서 15로 판정합니다. 안타깝게도, 마스터는 17을 굴렸기 때문에 결과는 10 미만 실패입니다. 마스터는 판정 결과를 기록해 두고 가레스가 야외에서 헤매다가 폐허를 발견했을 때, 길을 잘못 든 탓에 그 장소를 실제 위치와 한 칸 떨어진 지점에 있는 것으로 착각한다고 정했습니다. 상황을 좀 더 재미있게 만들기 위해, 마스터는 가레스가 봤다는 작은 사람들의 정체도 바꿉니다. 이들은 고블린이 아니라, 어떠한 종류의 사악한 영입니다.*

흥미진진한 장소 만들기

흥미진진한 장소를 소개하는 데에는 어느 정도 감각이 필요합니다. 여러분은 다른 플레이어들의 관심을 끌어 이 장소를 탐사하고 사람들을 돕게 할 흥미진진한 이야기를 만들어야 합니다. 하지만 동시에, 플레이를 해서 무슨 일이 일어날지 알아내야 할 만큼 충분한 여백을 남겨두어야 합니다. 이미 모든 내용이 속속들이 드러난 장소로 탐험하러 가는 플레이어는 없을 것입니다.

다음은 가장 중요한 주의사항입니다. 만약 여러분이 해당 장소의 정보를 손댈 수 없을 정도로 지나치게 확실히 묘사했다면, 마스터는 그 장소에 자기 아이디어를 반영하는 데에 어려움을 겪을 것이고, 정보 확인 판정이 실패해도 세부사항을 제대로 고치지 못할 것입니다. 만약 존이 가레스가 폐허 안으로 직접 들어가서 지도를 그린 다음, 집까지 자기 발걸음을 셌다고 선언했다면 마스터는 **지혜** *판정에 실패했을 때 어떻게 고쳐야 할지 훨씬 어려워할 것입니다.*

여러분이 설명하는 장소 주변의 풍경을 꼭 언급하세요. 오크 마을은 숲 한가운데 있나요, 아니면 산 위에 있나요? 여러분 마을과 교역 관계인 먼 도시는 해안가에 있나요, 농지에 둘러싸여 있나요?

여러분이 관심을 가질 만한 무언가를 떠올린 다음, 마스터가 고치도록 뼈대를 건네주세요. 유니콘이 보고 싶다면, 여러분은 분명 어느 날 밤 작은 빈터에서 유니콘을 본 목격담이나 위니프레드 할머니에게 전해들은 개울 근처에 사는 유니콘 왕의 소문을 만들었을 것입니다. 하지만 먼 치에서 목격했다든지, 위니프레드의 이야기가 진짜인지 확인할 수는 없었지만 정말로 흥미진진한 이야기였다는 등 충분한 여지를 남겨두세요.

> ### 정직하게 플레이하기
>
> *이 캠페인 제작 방식은 플레이어들이 서로를 믿고 공통의 관심사를 찾으면서 의견을 교환하는 과정이 필요합니다. 테이블에 참여한 플레이어들은 각자 게임에서 재미를 느끼는 부분이 서로 다르다는 사실을 인정해야 하며, 그렇기 때문에 다른 플레이어들을 주저하게 만들 수도 있는 특정 요소는 게임에 집어넣지 않는 편이 낫다는 사실 또한 인정해야 합니다. 테이블 전원의 의견을 아우를 수 있는 가장 쉬운 방법은 정말로 자신의 흥미를 떨어뜨리는 요소를 게임에서 뺄 수 있도록 플레이어 모두에게 거부권을 주는 방식입니다. 하지만 거부권은 정말로 신중하게 행사해야 합니다. 그저 조금 마음에 안 든다고 해서 남의 아이디어를 막아서는 안 됩니다. 모두 함께 만드는 샌드박스니까요.*

꾸미기

주요 장소를 모두 만든 다음, 플레이어들은 다른 사람이 만든 주요 장소 중 하나에 자기 생각을 덧붙일 기회를 얻습니다. 모든 플레이어는 각자 다른 사람이 만든 주요 장소 중 가장 재미있어 보이는 곳을 한 군데 선택한 다음, 그 장소에 약간의 정보를 덧붙입니다. 덧붙인 정보의 진실성은 앞서 굴린 정보 확인 판정에 따라 달라집니다. 그러므로 얼마나 정확한지는 여전히 알 수 없습니다.

정보를 덧붙일 때는 이미 만들어진 그 장소의 이야기를 존중해야 합니다. 꾸미기 단계는 각자의 이야기를 더욱 풍성하게 꾸미기 위한 단계이지, 이미 만든 이야기를 없애는 단계가 아닙니다. 그저 산적보다 요정 장난꾼 이야기가 더 재미있을 것 같다고 생각해서 "그 언덕에는 사실 산적이 하나도 없어"라고 덧붙이는 선언은 안 좋은 꾸미기입니다. 하지만, 산적들이 언덕에 사는 요정들과 손을 잡았다는 정보를 덧붙이는 선언은 좋은 꾸미기입니다.

모든 플레이어가 각자 다른 장소를 선택하는 것이 가장 좋지만, 플레이어 중 몇 명이 같은 장소를 선택하지 말아야 할 이유는 없습니다. 만약 플레이어들이 그렇게 하기를 좋아한다면, 그 장소는 분명히 이 게임에서 매우 중요한 위치를 차지하거나, 플레이어들이 맨 먼저 방문할 장소가 될 것입니다.

예: 질은 귀족의 말괄량이 딸 안나를 플레이합니다. 질은 존이 만든 애쉬스피어 경의 요새 폐허를 무척 마음에 들어 했고, 꾸미기 단계에서 이 폐허를 선택해서 안나의 아버지가 언젠가 이 요새의 지하 저장고에 다친 이를 치료하는 마법의 샘이 있다는 이야기를 딸에게 해주었다고 정합니다. 마스터는 이 요새에 관한 정보가 일정 부분 부정확하다는 사실을 알기 때문에, 그 샘의 물이 다친 이를 낫게 한다는 소문은 사실이지만 만약 극복 판정에 실패하면 사랑하는 사람을 잊게 만든다고 정했습니다.

모든 것을 함께 묶기

테이블 참가자들은 남은 시간 동안 얼마든지 모여 앉아 함께 만든 샌드박스에 대해 잡담을 나눌 수 있습니다. 만약 일이 잘 돌아간다면, 아마도 서로 대화를 주고받으면서 아이디어를 내놓을 것입니다. 이 와중에 분명 이야기의 타래도 만들어집니다. 한 캐릭터가 남쪽 산에 있다는 용의 재보에 관한 전설을 연구했고, 다른 캐릭터가 고대의 왕이 잠든 왕릉의 소문을 방랑자에게 듣지 않았나요? 그렇다면, 혹시 두 장소는 서로 연관되어 있지 않나요? 그 왕이 용을 죽인 후 보물 지도와 함께 묻혔기 때문에, 용의 보물이 버려졌다는 이야기가 있지 않나요? 이런 식으로 플레이어들은 상호작용하는 역사를 만들어서, 세계를 좀 더 풍요롭게, 그리고 더욱 긴밀히 연결되도록 꾸밀 수 있습니다. 모든 이야기 타래를 하나로 묶는 시도는 별로 바람직하지 않지만, 각 장소와 신화 사이에 어느 정도 연관을 두는 것은 언제나 좋은 생각입니다

만약 이번 캠페인에서 위험요소를 사용한다면, 마스터는 이 시점에서 모든 필수 요소가 캠페인과 합쳐지도록 신경 써야 합니다. p.16의 "위험요소" 장을 참조하세요.

또한, 플레이어들은 자기 캐릭터들이 플레이북에서 무슨 일을 겪었는지, 시나리오 묶음에서 무엇과 마주쳤는지 다시 한번 살펴봐야 합니다. 독학 마법사의 플레이어가 영과 싸웠던 사건을 장소 만들기에 활용하지 않았다면, 모든 장소가 정해진 지금 시점에서 그 싸움을 장소와 연관 짓고 싶어 할 수도 있습니다. 어쩌면 마법사와 싸웠던 영은 고대의 왕을 섬겼던 재상이 왕릉을 지키게 하려고 봉인했다가 어느 시점에서 세상에 풀려난 악마일지도 모릅니다. 어쩌면 그 때문에 아무도 지금까지 보물을 노리지 못했고, 캐릭터들에게 기회가 온 것일 수도 있습니다. 처음에 장소를 제작할 때와 마찬가지로, 플레이어들이 내놓은 아이디어는 정확하지 않을 수도 있습니다. 하지만 최소한 일정 부분은 분명 진실일 것입니다.

캠페인에서 언어가 중요한 비중을 차지한다고 테이블 참가자들이 정했다면, 이제 게임 속 사람들이 무슨 언어를 사용하는지 논의를 해도 좋을 것입니다. ***울타리 너머, 또 다른 모험으로*** p.5에 나온 대로 캐릭터들은 **지능** 보너스에 따라 사용할 줄 아는 언어의 수가 달라진다는 점을 명심하세요.

샌드박스 플레이에서는 캐릭터들이 모험에 뛰어드는 동기를 스스로 가져야 합니다. 비록 플레이어들이 이 지방의 장소와 역사를 만들었다고 하더라도, 마스터는 캐릭터들이 무엇을 찾으려 하는지, 어디로 가기를 원하는지, 누구를 만나기 원하는지 플레이어들에게 물어보세요. 만약 플레이어들이 캐릭터 플레이북에서 제대로 이야기 타래를 끌어내지 못한다면, 마스터가 도와주세요. 독학 마법사 플레이어에게 그가 싸운 혼돈의 영을 상기시킨 다음, 혹시 그 영이 어디에서 왔으며, 왜 자신을 뒤쫓았는지 궁금하지 않으냐고 물어보세요. 마스터는 주요 장소와 관련이 있는 끔찍한 괴물이 캐릭터들의 마을을 노린다든가, 커다란 보물이 주요 장소 중 어딘가 있다든가 하는 이야기 고리를 플레이어들에게 흔들어 줄 수 있습니다.

만약 플레이어들이 자기 캐릭터가 모험을 떠나는 이유를 정말로 생각해내지 못한다면, 마스터는 플레이어들에게 캐릭터는 플레이어들의 창조물이며, 그러므로 자신의 캐릭터가 무엇을 하고 싶은지, 왜 원하는지 직접 정해야 한다고 일깨워주세요. 플레이어들은 집에만 있는 따분한 마을 주민이 아니라, 미래의 영웅을 만들 의무와 권한이 있습니다!

플레이어들은 이야기를 어떻게 만들지 정할 수 있을 뿐만 아니라, 지도의 지형에도 정보를 덧붙일 수도 있습니다. 만약 누군가 지도 중앙에 큰 강이 흐르는 게 어떻겠냐고 제안을 해서 모두 동의한다면 얼마든지 지도 위에 강을 그릴 수 있습니다.

플레이어들이 브레인스토밍과 잡담을 마친 다음, 마스터는 세션을 끝내기 전 플레이어들에게 어디부터 가고 싶은지 물어볼 수 있습니다. 그래야 다음 세션을 위한 준비를 하면서 어느 부분에 집중해야 할지 알 수 있으니까요.

이야기 들려주기

지도와 주요 장소를 만드는 과정 자체를 실제 세션처럼 진행하는 재미있는 변형 규칙도 있습니다. 캐릭터들은 모두 마을 여관처럼 안전한 장소에 모여 다른 캐릭터들에게 이야기를 들려주면서 지도를 만듭니다. 이 방식은 플레이어들에게 자신들이 만든 주요 장소의 정보가 얼마나 부정확한지 절실히 느끼게 할 수 있습니다. 주요 장소의 세부사항을 만들 때, 플레이어인 존 대신 캐릭터 가레스가 화톳불 앞에 모여 앉아서 폐허에서 작은 사람들을 봤다고 이야기를 들려주면 더욱 뜬소문처럼 들릴 테니까요.

마스터는 이 세션이 끝난 다음 경험치 500점 정도를 플레이어들에게 줄 수도 있습니다. 가장 인기있는 이야기를 만든 이야기꾼 플레이어에게는 보너스 경험치 100점을 더 주어도 좋습니다.

지도 채우기

이제부터 마스터가 할 일이 많아집니다. 마스터는 플레이어들이 주요 장소를 만드는 동안 기록한 참고사항을 모두 가져와서 플레이어들이 캠페인 제작 동안 간단히 그린 시각적인 자료들을 실제 게임 플레이에 필요한 완전한 지도로 바꿔야 합니다.

완전한 지도를 만들 때는 육각형 칸이 그려진 모눈종이에 그릴 것을 권장합니다. 육각형 칸의 크기와 축척을 얼마나 크게 정할지는 마스터가 원하는 대로 할 수 있지만, 이 게임에서는 한 칸의 크기가 1/4인치(6mm)이며, 축척은 10마일(16km)로 간주합니다. 저희가 이 단위를 사용하는 이유는 여행자가 도보로 여행할 때 하루에 대략 20마일(32km)을 걷는다고 편의상 가정하기 때문입니다. 여행 시간은 p.22에 있는 "여행과 탐사" 장에서 좀 더 자세히 소개합니다. 그러므로, 1/4인치 모눈종이 한 장은 대략 가로 200마일(320km), 세로 250마일(400km) 크기의 지도입니다. 이만하면 지도 끝에서 반대편 끝으로 여행을 하는 데에 십여 일 정도 걸릴 거리이지만, 길에 따라서는 몇 달 동안 지도 위를 거닐 수도 있습니다.

저희가 권장하는 크기의 육각형 모눈종이는 책 뒤에 있으며, 이야기와 놀이 자료실에서 (http://blog.storygames.kr/downloads) 다운로드받을 수 있습니다.

이만한 크기의 지도에서 캐릭터들은 며칠 안에 흥미진진한 모험을 펼칠 장소 몇 군데를 들를 수 있으며, 일주일 정도면 가고 싶은 장소 대부분에 도착할 수 있습니다. 이 정도면 ***울타리 너머***의 캐릭터 플레이북으로 만든 낮은 레벨 캐릭터들에게 어울리는 거리 설정입니다. 물론 더욱 큰 지도로 시작해도 무방합니다. 처음부터 큰 지도로 플레이를 시작해도 괜찮지만, 작게 시작하더라도 마스터는 언제든지 새로운 지도를 계속 덧붙일 수 있습니다. 생각해보세요. 이 지도는 대략 잉글랜드만 한 너비입니다. 중세 시대의 잉글랜드는 흥미진진한 장소와 도시, 그리고 마을이 가득합니다.

모눈종이가 준비됐으면, 우선 캐릭터들의 고향 마을을 지도 위에 그리세요. 아주 정확할 필요는 없지만 캠페인 제작표에서 그린 것처럼 대략 지도의 중앙에 있어야 합니다. 그다음에는 플레이어들이 제작한 주요 장소를 그리세요. 각 장소는 최소한 서로 두 칸 이상 떨어져 있어야 합니다. 앞에서 말했듯 이 장소가 어느 방향에 얼마나 멀리 있다고 플레이어들이 말한 내용은 분명히 존중해야 하지만, 지금은 배치된 장소들을 타당하게 조정하는 단계입니다.

이 단계는 지도의 기본적인 지형을 마무리 짓는 때이기도 합니다. 아마 플레이어들도 몇 가지 지형을 만들었겠지만, 마스터 역시 필요한 부분에 지형을 채워야 합니다. 아주 정확할 필요는 없습니다. 그저 큰 숲과 산, 강, 사막, 해안가, 정글 등이 어디 있는지 정한 다음 간략하게 그려 넣으세요. 원한다면 주요 정착지 사이를 잇는 도로도 추가하세요.

다음 두 항목에서, 저희는 완성된 캠페인 무대를 구성하는 또 다른 요소인 소규모 장소와 지역을 설명하겠습니다. 마스터는 이제부터 자유롭게 소소한 모험이 펼쳐질 소규모 장소를 여기저기 흩어 놓고, 더 커다란 요소인 지역을 간략하게 그릴 수 있습니다. 아마도 이 두 가지 사이를 오가면서 지도를 완성할 것입니다. 소규모 장소는 캐릭터들에게 흥미진진한 모험의 현장이 될 수 있으며, 지역은 여행을 하면서 캐릭터들이 볼 풍경과 길을 따라가면서 부딪힐 각종 장애물을 제공합니다.

소규모 장소

이제 마스터는 플레이어들이 함께 만든 무대를 건네받아 좀 더 흥미진진하고, 신비롭고, 위험하게 만들어야 합니다. 마스터는 소규모 장소 몇 군데를 만들어서 지도 여기저기에 배치하세요. 소규모 장소는 재미있는 샛길, 휴식처, 캐릭터들이 여정 동안 마주칠 위험 등을 나타냅니다. 일부 소규모 장소에서는 한 세션 전체를 들일 수도 있겠지만, 그 이상 길게 플레이할 필요는 없습니다.

소규모 장소의 던전은 시나리오 묶음에서 나온 던전 정도로 작아야 합니다. 거대 던전은 주요 장소를 위해 남겨두세요. 일부 소규모 장소는 사악한 마법사의 저택이나 올빼미곰의 소굴처럼 캐릭터들에게 직접 위협이 되는 곳입니다. 하지만 또 다른 장소에서는 친절한 은자나 협조적인 드라이어처럼 여정 중에 도움을 주는 친구들을 만날 수 있을 것입니다. 마지막으로, 의심 많지만 결국 정직한 사냥꾼들의 외딴 정착지처럼 위험한 곳이나 도움이 되는 곳 중 어느 쪽이든 될 수 있는 소규모 장소도 몇 군데 준비해야 합니다.

마스터는 마을과 주요 장소들 사이에 자신이 만든 소규모 장소를 배치해야 합니다. 캐릭터들이 반드시 소규모 장소를 모를 필요는 없습니다. 플레이어들은 소규모 장소를 처음 마주치거나, 지도의 특정 구역에 관해 혹시 들은 소문이 있는지 알아보려고 할 때 언제든지 지식 판정을 해서 이 장소를 알고 있는지 확인할 수 있습니다.

마스터는 원하는 만큼, 힘이 닿는 한 많이 소규모 장소를 만들어야 합니다. 지도의 칸마다 소규모 장소가 있다고 해서 나쁠 것은 없습니다. 다만 하나하나 만들려면 매우 힘들 것입니다. 또한 지도에 나오는 소규모 장소를 한꺼번에 만들어야 할 이유도 없습니다. 마스터는 지도 작성 중에 소규모 장소를 몇 군데 만든 다음, 나중에 아이디어가 떠오를 때 몇 군데를 덧붙여도 좋습니다. 심지어는 이미 캐릭터들이 방문했던 칸에 소규모 장소를 만들어도 좋습니다. 캐릭터들이 해당 칸을 샅샅이 탐사하지 않는 한 못 보고 지나치는 것이 많을 테니까요.

명심하세요. 공유형 샌드박스는 마스터의 부담을 분산시키기 위한 방식입니다. 마스터는 지금 당장 소규모 장소를 필요한 대로 만들 수도 있고, 구상만 해 두었다가 이후 세션 중간중간에 시간과 의욕이 생길 때 덧붙일 수도 있습니다.

소규모 장소를 만드는 방식은 여러 가지가 있지만, 궁극적으로는 지도와 주요 장소, 해당 지역의 지리에서 영감을 얻는 것이 가장 좋습니다. 저희는 마스터가 다음 두 가지 방식으로 소규모 장소에 변화를 줄 것을 권장합니다.

첫 번째로, 마스터는 이 일대가 캐릭터들에게 얼마나 적대적인지 정한 다음, 이를 기반으로 번갈아 가면서 적대적, 우호적, 중립적 장소를 만듭니다. 대부분 지도에서는 세 종류의 장소를 서로 동등한 분량으로 맞추면 됩니다. 위험한 코카트리스의 소굴을 만든 다음에는 친절한 님프의 숲을, 그다음으로 교차로의 바쁜 여관을 만들면 좋을 것입니다.

두 번째로, 마스터는 이 세계가 마법적인 힘이 넘치는지, 혹은 비교적 평범한지 정한 다음 이를 기반으로 마법적인 장소와 현실적인 장소를 번갈아 만듭니다. 저희는 기본적으로 ***울타리 너머***에 영감을 준 참고 작품들의 분위기에 맞추어 좀 더 현실적으로 만들기 위해 현실적인 장소 두 군데 당 마법적인 장소 한 군데의 비율을 권장합니다. 하지만 테이블에서 원한다면 마법의 수준을 더욱 높이거나 줄여도 좋습니다. 이 세계의 마법의 수준을 정할 때 마스터는 앞서 플레이어들이 어떤 종류의 주요 장소를 만들었는지 고려할 수 있습니다. 만약 플레이어들이 계속 비현실적인 주요 장소를 만들었다면, 마스터는 균형을 맞추기 위해 현실적인 소규모 장소를 좀 더 많이 만들 수도 있습니다. 하지만 반대로 이러한 주요 장소들 때문에 이 지방에 마법적인 힘이 가득하다고 정한 다음, 플레이어들의 방문을 기다리는 초자연적인 장소를 마음껏 만들어도 좋습니다.

p.74의 부록 항목은 마스터가 지도를 채우기 위해 활용할 수 있는 몇 가지 표를 수록했습니다. 마스터는 이 표를 사용해 소규모 장소에 관한 아이디어를 얻고, 필요하면 게임 세션 중 즉석에서 소규모 장소를 만들 수도 있습니다.

마지막 고려사항으로, 소규모 장소가 반드시 고정된 위치에 있을 필요는 없습니다. 마스터는 오히려 소규모 장소의 역할을 하더라도 그 특성상 끊임없이 움직이는 장소나 NPC를 만들 수도 있습니다. 북부를 떠돌면서 가는 곳마다 약탈을 일삼는 오크 무리나, 주요 정착지 사이를 순환하는 외국 대상들이 그 예입니다. 이렇게 이동하는 소규모 장소는 서너 개만 있어도 게임을 매우 혼란스럽게 만들 수 있습니다. 그러므로 이러한 종류의 위협이 캠페인에 얼마나 들어갈지는 신중하게 생각하세요.

예: 마스터 역시 존이 생각한 애쉬스피어 경의 무너진 요새를 보고 아이디어를 얻어서, 첫 번째 소규모 장소는 이 요새 옆에 두기로 했습니다. 마스터는 현재 자신이 이 요새에 대해 어떤 정보를 알고 있는지 고려해 본 다음, 영들이 우글거리는 요새는 낮은 레벨 캐릭터들에게는 무척 위험한 장소라고 결론을 내렸습니다. 그래서 마스터는 요새 근처 한적한 사원에서 옛 신을 섬기는 선한 신부를 배치했습니다. 또한 마스터는 이 신부가 캐릭터들의 무기를 축복해 줄 수 있는 능력이 있다고 정했습니다. 축복받은 무기는 보름달 아래에 있는 한 실체가 없는 영들에게도 피해를 줄 수 있습니다. 캐릭터들이 적합한 롤플레잉을 하거나 ***매력*** *판정에 성공해서 신부에게 호감을 산다면, 신부는 축복을 내릴 것입니다. 판정에 실패하더라도 사원에 넉넉한 선물을 바치면 역시 그 답례로 축복을 내릴 것입니다.*

지역

지역은 지도 위에서 불규칙적으로 그려진 숲이나 길게 펼쳐진 산맥, 비옥한 유역 같은 여러 칸의 모음입니다. 지역과 장소는 서로 다릅니다. 장소는 지역 안에 있으며, 주변을 둘러싼 지역과 자연적인 환경은 유사하겠지만 어딘가 다른 부분이 있을 것입니다. '기이한 숲'은 지역입니다. 하지만 '숲의 어두운 중심부'나 '마지막 쓸쓸한 산장'은 지역 안의 장소입니다.

비록 눈금 종이의 특성상 지도 위에는 지역의 명확한 경계선이 나타나지만, 마스터는 지역 사이의 경계를 명확하지 않게 뒤섞으세요. 숲의 경계가 갑자기 두드러지게 나타나지는 않습니다. 오히려 평원이었던 풍경이 점차 나무가 많아지면서 어느새 숲으로 모습을 바꿀 것입니다.

각 지역에는 저마다 위험과 시련이 도사리고 있습니다. 마스터는 지역 사이의 경계를 그린 다음, 지역마다 캐릭터들이 마주칠 수 있는 일련의 위험을 간략하게 만들고 얼마나 자주 위험이 출몰할지 정하세요. 울퉁불퉁한 지형이 많은 지역은 험지로 간주해서 캐릭터들의 여행 속도를 늦춥니다. 여행 속도와 험지 효과의 규칙은 p.23을 참조하세요.

다른 RPG 시나리오 사용하기

혹시 캠페인에 쓰기 좋겠다고 생각되는 다른 RPG의 시나리오를 가지고 있나요? 그렇다면, 그 시나리오를 플레이하기 적합한 장소를 지도 위에서 찾아서 그곳부터 플레이를 시작하세요. 잊지 말고 이 시나리오를 여러분의 캠페인에 끼워 맞추세요. 마스터는 캐릭터들이 여관이나 마을에 들를 때, 또는 역사나 신화를 이해하기 위한 ***지능*** *판정에 성공했을 때 해당 장소에 관한 정보를 줄 수 있습니다.*

지도를 지역으로 나눈 다음에는, 캐릭터들이 각 지역 안에서 어떤 종류의 조우를 겪을지 정할 시간입니다. 캐릭터들이 반드시 나쁜 일만 마주칠 필요는 없습니다. 식량을 건네주는 친절한 여행자와 마주칠 수도 있고, 사악한 와르그 떼와 마주칠 수도 있는 법입니다. 지역마다 조우를 두세 가지씩 준비해 두세요. 그 이상 아이디어가 있으면 더욱 좋습니다. 소규모 장소를 배치할 때와 마찬가지로, 지역 내에서 벌어질 조우 역시 한 번에 모두 만들 필요는 없습니다. 마스터는 통곡의 계곡에서 벌어질 조우를 두 가지 정도 준비했다가 나중에 더 생각이 날 때, 또는 계곡으로 계속 돌아오는 플레이어들을 위해 이 지역을 계속 재미있게 만들 필요를 느낄 때 추가로 조우를 덧붙여도 좋습니다.

어떤 조우가 일어날지는 지형의 종류에 따라 달라집니다. 숲에서는 들짐승이나 신비한 요정을 만날 확률이 높고, 마을 사이의 탁 트인 평원에서는 다른 여행자나 상인을 만날 확률이 높습니다. p.70에는 일반적인 지역 표의 예시를 소개했습니다.

모든 조우가 사람이나 동물과 관련이 있을 필요는 없습니다. 저희는 위험한 지형이나 여행의 어려움, 가혹한 날씨 역시 지역 안에서 겪을 수 있는 조우로 분류합니다.

조우는 상황에 따라 단순히 능력치 판정 한 번으로 넘어갈 수도 있고, 장면을 써서 플레이할 수도 있습니다. 플레이어들은 조우를 피할 기회가 항상 어느 정도 있어야 합니다. 용이 하늘에서 덮쳐 오는데 숨거나 미리 알아차릴 기회조차 없으면 재미가 없을 것입니다. 마스터는 조우마다 캐릭터들이 피하거나 대처할 수 있도록 적당한 능력치 판정을 허락하세요. 예를 들어, 고블린 약탈자들이 나타난다면 먼저 공격하거나 피할 기회가 있는지 **지혜** 판정으로 확인해야 하며, 떠돌이 땜장이가 좋은 인상을 줄 수 있는지 **매력** 판정으로 확인해야 합니다.

야생에서 **지혜**는 매우 중요한 능력치입니다. 무언가를 알아차리고 야생에서 생존하려면 **지혜**로 판정하기 때문입니다. 사람이 좀 더 많은 지역에서는 영향력을 행사하는 데 사용하는 **매력**이 특히 유용합니다. 조우를 잘 만든다면, 플레이어들에게 모든 능력치가 중요하다는 사실을 상기시킬 수 있습니다.

조우를 어떻게 만들지 몇 가지 아이디어를 적은 다음에는 캐릭터들이 지역 안에서 얼마나 자주 조우를 할지 결정해야 합니다. 캐릭터들은 매일 d6을 굴려서 조우를 확인합니다. 기본적으로, 주사위 결과가 1이 나오면 캐릭터들은 흥미로운 일을 겪습니다. 만약 그 지역이 유난히 북적이거나, 흥미진진하거나, 위험하다면 조우할 확률이 올라갑니다.

지역 예시: 황금빛 떡갈나무 숲

황금빛 떡갈나무 숲은 지역 내에 작은 개울이 몇 군데 흐르고, 작은 관목들이 군데군데 있는 밝고 잎이 무성한 숲입니다. 이 숲은 요정들의 아주 오래된 고향이라는 소문이 돌고 있으며, 여행객들은 종종 나무 밑에서 길을 잃곤 합니다. 역사에 따르면 뿔난 신의 옛 신전이 이 숲에 세워졌다고 하며, 애쉬스피어 경의 요새 역시 한때 이 숲 변두리에 있었습니다. 요새와 신전 모두 이 지역 내의 장소가 될 수 있습니다.

저희는 p.73에 있는 일반적인 숲 지역 조우 표에 조우 두 개를 덧붙여서 황금빛 떡갈나무 숲의 조우 표를 만들었습니다.

숲에는 수많은 길이 나 있지만, 만약 캐릭터들이 큰길을 벗어나서 잘 알지 못하는 영역으로 들어서면, 험지에서 여행하는 것으로 간주합니다. 이 숲에서는 사냥감이 풍부하기 때문에, 채집과 사냥 판정에 +2 보너스를 받습니다.

다시 한번 이야기하지만, 캠페인을 시작할 때 모든 지역을 한꺼번에 완성할 필요는 없습니다. 마스터는 그저 해당 지역에서 일어날 조우 한 두 가지만 생각해 둔 다음, 추가로 아이디어가 떠오를 때까지, 또는 캐릭터들이 해당 지역을 좀 더 정기적으로 오고 다니는 탓에 정식 조우 표가 필요해질 때까지 처음에 생각해 낸 조우를 사용하면 됩니다. 또한 지역 안에서 같은 조우를 반복하지 말아야 하는 이유도 없습니다. 파괴된 대황야에는 캐릭터들이 주의해야 할 깊은 틈과 오염된 물이 많기 때문에, 이 지역을 모험하는 캐릭터들은 같은 조우를 한 번 이상 마주칠 수도 있습니다.

조우 확률 1d8 중 1 이하

1d8	황금빛 떡갈나무 숲의 조우 표
1	**길을 잃었습니다! 지혜** 판정을 해서 길을 찾아야 합니다. 실패하면 방향을 잃고 헤매느라 하루를 허비합니다.
2	**길을 잘못 들었습니다. 지혜** 판정을 해서 실패하면 원래 가려고 한 곳 대신 무작위 방향으로 한 칸 갑니다.
3	**깊은 협곡. 민첩성** 판정을 해서 지나가야 합니다. 실패하면 모든 일행이 1d4점 피해를 받습니다. 만약 짐 운반용 동물이 있다면, **지혜** 판정도 해서 같이 협곡을 지나가야 합니다. 실패하면 협곡을 지나는 다른 길을 찾느라 하루를 허비합니다.
4	**생각지도 못하게 깊은 물. 근력** 판정에 실패하면 길잡이는 1d6 피해를 받으며 급류 때문에 물품 하나를 잃어버립니다. 만약 짐 운반용 동물이 있다면 **지혜** 판정도 해서 같이 물을 건너야 합니다. 실패하면 다른 길을 찾느라 하루를 허비합니다.
5	**저주받은 야영지. 지능** 판정을 해서 실패하면 밤에 화난 하급 영이 나타납니다.
6	**곰의 공격. 지혜** 판정을 해서 실패하면 성난 곰에게 기습당합니다.
7	**고블린 사냥대. 지혜** 판정을 해서 실패하면 오크 한 마리가 지휘하는 고블린 1d6마리에게 기습당합니다.
8	**요정. 매력** 판정을 해서 실패하면 이 숲의 요정 하나를 화나게 만듭니다. ***울타리 너머, 또 다른 모험으로*** p.85에 있는 스프라이트의 수치를 사용하세요.

다시 한번 주요 장소로

마스터는 당연히 플레이어가 만든 주요 장소에 좀 더 살을 붙여야 합니다. 때로 이 작업은 무척 양이 많아질 수도 있습니다. 특히 커다란 던전이나 그 외 모험이 벌어질 장소는 분명 준비를 많이 해야 합니다. 이 부담을 극적으로 줄이는 방법은 사실 없지만, 수많은 마스터가 지난 수십 년 동안 플레이어의 아이디어를 활용하지도 못한 채 혼자 노력으로 던전 지도를 만들었습니다. 플레이어들이 내놓은 아이디어 중에서 작업량을 줄일 수 있는 좋은 방안이 있다면 무엇이든 적극적으로 사용하세요. 그리고 캐릭터들이 연구하고, 목격하고, 소문을 들은 정보의 판정 결과를 활용해 플레이어들이 처음 묘사한 것과 얼마나 달라졌는지 정하세요.

명심하세요, 한꺼번에 모든 작업을 할 필요는 없습니다. 그렇기 때문에 플레이어들에게 처음에 어디로 갈 것인지 물어보세요. 마스터는 캐릭터들이 마을로 돌아가 휴식을 취할 때마다 어떤 계획을 세웠는지 플레이어들에게 물어볼 수 있습니다. 이 방법을 사용하면 마스터는 플레이어들이 다음 세션 때 무엇을 할지 알 수 있기 때문에, 다음에 플레이할 지역과 장소를 미리 잘 준비할 수 있습니다.

만약 플레이어들이 예상치 못하게 길을 벗어나 아직 준비하지 않은 주요 장소로 가기로 한다면, 마스터는 솔직하게 털어놓을 수 있습니다. "여러분, 이 캠페인은 샌드박스형 플레이니까, 여러분은 어디든지 원하는 데로 갈 수 있어요. 하지만 아직 그 장소는 준비하지 못했어요. 몇 가지 좋은 아이디어가 있기는 하지만, 제대로 준비하고 싶어요. 일단 오늘 밤은 다른 곳에서 모험하고, 다음 주에 그곳으로 가는 게 어때요?" 이렇게 말해도 괜찮습니다.

위험요소

여러분의 캐릭터들은 단순히 부를 찾아 지도 위를 헤매는 보물 사냥꾼이 아닙니다. 물론 보물도 찾아 나서겠지만, 캐릭터들은 이 세상에 준동하는 어둠의 힘에 맞서 싸우면서 더 큰 이야기를 만드는 영웅이기도 합니다. 저희는 이러한 어둠의 세력을 특정한 위험요소로 나타냅니다. 위험요소는 캐릭터들과 마찬가지로 흥망성쇠를 거듭하며 이 세계에 영향을 끼칩니다.

머나먼 곳으로는 마스터가 캠페인을 좀 더 위험하게 만들 수 있는 위험요소인 병든 대지, 회색 왕자, 제국 수도, 분노한 고룡을 소개합니다. 위험요소를 반드시 쓸 필요는 없습니다. 여러분은 캐릭터들이 지도를 자유롭게 탐험하도록 내버려 두어도 됩니다. 캠페인에 위험요소를 더욱 많이 추가할수록, 캐릭터들은 더더욱 적극적으로 어둠의 세력에 대응해야 합니다. 플레이어들은 스포일러 방지를 위해 p.75부터 소개하는 위험요소 묶음을 읽지 마세요.

저희는 대부분 캠페인에서 위험요소 묶음을 두 개씩 등장시킬 것을 권장합니다. 그래야 캐릭터들이 여전히 세계 도처에 있는 다른 위험들과 맞서고 보물들을 찾아 헤맬 기회가 많이 남을 테니까요. 물론 위험요소를 더 많이 등장시킬 수도 있지만, 각 위험요소는 거의 매주 세상에 영향을 끼치기 때문에 캐릭터들은 다급해져서 지금 당장 위험요소와 싸워야 한다고 생각할 것입니다. 물론 위험요소 묶음을 하나만 등장시켜도 됩니다. 다만 그렇게 한다면 플레이어들은 다른 모든 일을 제쳐두고 이 위험요소에 집중할지도 모릅니다.

여러분은 위험요소를 전혀 등장시키지 않아도 됩니다. 만약 고전적인 샌드박스 플레이를 하고 싶다면, 아무 위험요소도 등장시키지 않은 채 캐릭터들에게 원하는 대로 세계를 탐험할 것을 권장합니다.

위험요소는 이 세상에서 현재 준동하는 주요 악당이나 악한 세력으로, 캐릭터들이 이들을 막는 노력을 하지 않는다면 꾸준히 힘을 기를 것입니다. 오직 적극적으로 활동하는 괴물이나 적대 세력만이 위험요소로 간주할 수 있습니다. 어떤 위험요소는 여기저기 움직이기 때문에 특정한 장소에 얽매이지 않습니다.

위험요소는 막 캠페인을 시작한 낮은 레벨 캐릭터들이 모험 한 번으로 해결할 수 있는 문제가 아닙니다. 그렇기 때문에, 고향 근처에 있는 작은 고블린 부족이 아무리 캐릭터들의 마을과 친구들에게 심각한 위협이 될지라도 위험요소로는 적절하지 않습니다. 반면 전사들이 가득한 본거지에 눌러앉아 이 땅의 모든 군소 고블린 부족들에게 마수를 뻗는 동방의 고블린 왕은 훌륭한 위험요소의 예입니다. 캐릭터들은 그냥 고블린 왕의 소굴로 들어가 그의 목을 벨 수는 없을 것입니다. 그 대신 캐릭터들은 고블린 왕의 부하들을 처치하고 (분명 캐릭터들의 고향 근처에 있는 고블린 부족도 포함해서), 본거지를 급습해서 고블린들이 알아차리고 대응하기 전에 도주하고, 이 지방의 군주들에게 힘을 합쳐 고블린 왕에게 맞서 싸우라고 설득해야 할 것입니다. 이러한 과정은 최소 몇 번의 모험이 필요하며, 아마도 몇 달 후 최후의 결전으로 막을 내릴 것입니다.

위험요소 묶음 사용하기

여러분이 선택한 위험요소는 캐릭터들, 고향, 캠페인 지도 전체에 영향을 미칩니다. 각 위험요소 묶음에는 캐릭터와 캠페인 지도를 만들 때 위험요소를 어떻게 사용하는지 설명이 수록되어 있습니다.

'캐릭터를 만드는 동안' 항목에서는 캐릭터 만들기 단계에서 마을 지도에 특정한 장소를 추가하거나 캐릭터 플레이북에 소개된 NPC를 바꾸는 등 플레이어들에게 이 세상에 나타난 악의 존재를 암시하는 세부사항을 어떻게 추가할지 마스터를 안내합니다.

캐릭터 만들기 단계 동안 플레이어들은 새로운 표 하나를 더 굴려서 캐릭터들이 어떻게 위험요소와 직접 연관이 있는지 확인합니다. *이 표는 캐릭터들의 유년기 시절을 나타내는 처음 세 가지 표의 결과를 확인한 다음 추가로 굴려야 합니다.* 각 플레이어는 현재 등장한 위험요소 중 어떤 위험요소가 자기 캐릭터와 관련이 있는지 선택하고 표를 굴립니다. 표의 결과에 따라 캐릭터는 능력치 하나가 감소하는 대신, 다른 능력치가 증가하거나 새로운 기능을 받습니다. 각 위험요소는 캐릭터 중 최소한 한 명 이상과 관련해야 하지만, 어떤 위험요소를 캐릭터와 연결할지는 플레이어들이 선택합니다.

그다음 항목 '캠페인 지도에는'은 위험요소를 지도의 주요 장소에 어떻게 포함할지, 그 밖의 다른 중요한 장소를 지도에 어디에 배치할지, 그리고 소규모 장소 한두 군데를 어디에 배치할지 마스터에게 알려줍니다. 마스터는 플레이어들이 지도 위에 주요 장소를 만드는 동안 몇 가지 작업을 해야 하며, 때로 플레이어들이 하는 것처럼 주요 장소를 꾸며야 합니다. 그러므로 캠페인에 등장시킬 위험요소를 미리 숙지하는 편이 좋습니다.

어쩌면 이미 캐릭터가 모두 완성된 다음에, 혹은 지도가 모두 완성된 다음에 위험요소를 추가해야 할 수도 있습니다. 이 경우에는 필요 없는 부분을 모두 생략하고 필요한 부분만 사용하세요.

위험요소 묶음의 나머지 내용은 위험요소를 무찌르는 법, 괴물의 수치 등 위험요소가 이 세계와 어떻게 상호작용하는지를 설명합니다. 대부분의 위험요소에서는 마스터가 배치할 소규모 장소도 구체적으로 설명합니다.

위기 수치

모든 위험요소는 위기 수치를 가집니다. 위기 수치는 위험요소가 얼마나 적극적이며 위험한지를 나타냅니다. 위기 수치가 높다고 해서 적이 그만큼 강하다는 것은 아니지만, 적의 강함은 분명 위기 수치를 결정하는 요인 중 하나입니다. 또한 위기 수치는 위험요소가 얼마나 세력을 넓혔는지, 계획을 얼마나 빨리 진행하는지도 나타냅니다.

다음 표는 각 위기 수치가 어떤 상황을 의미하는지 간략하게 설명합니다.

위기 수치 1-2: 적은 아주 가끔, 무작위로 세계와 상호작용합니다. 소규모 도적 떼, 영토 내 마을에서 영향력을 넓히려는 반란군, 때때로 나타나 식량과 재물을 약탈하는 용처럼 본거지를 거의 떠나지 않는 강력한 괴물 등 막 등장해서 세력을 넓히려는 적들이 이에 해당합니다.

위기 수치 3-4: 이 수치의 위험요소는 활발하게 활동하면서 점점 근심거리가 되어 가는 세력입니다. 동방에서 군세를 키우는 고블린 왕이나 이 지역의 해안가를 약탈하기로 한 해적 연합 등이 이에 해당합니다.

위기 수치 5-6: 이 단계의 위험요소는 모든 이들이 근심하고 두려워하는 존재입니다. 적들은 매일매일 힘을 기르면서 이 땅에 사는 모든 사람을 수시로 괴롭힙니다. 동맹을 맺고 점점 세를 불리면서 빈번하게 약탈자들을 보내는 북부의 야만인 왕들이나, 일부 계획이 결실을 보면서 이제는 거대한 침공을 준비하는 고블린 왕 등이 이에 해당합니다.

위기 수치 7+: 이 단계에 다다른 위험수치는 이 땅에서 끊임없는 문제를 일으키며, 어쩌면 궁극적인 종말을 가져올지도 모릅니다. 군세를 완전히 모아서 인간의 땅을 정복하기 시작한 고대의 끔찍한 암흑 군주 등이 이에 해당합니다.

위험요소 묶음에서는 이 위험요소의 위기 수치가 얼마나 되며, 언제, 어떻게 바뀌는지 설명합니다.

금주의 위험요소

게임 시간으로 매주가 시작될 때, 마스터는 위험요소마다 d12를 굴립니다. 주사위 결과가 위기 수치 이하라면, 해당 위험요소는 그 주 동안 활동을 합니다. 어쩌면 캐릭터들의 고향을 공격할지도 모릅니다.

위험요소가 어떻게 움직일지는 활동 표에 따라 정해집니다. 주사위를 굴린 다음 결과를 확인하세요. 표의 결과에 따라 그 주에 캐릭터가 마주칠 조우가 바뀔 수도 있고, 고향에 영향이 갈 수도 있으며, 캐릭터들이 이후에나 알게 될 효과가 머나먼 곳에서 발생할 수도 있습니다.

마스터는 매주 위험요소가 어떻게 움직일지 정하기 때문에, 그 주 동안 언제 주사위 결과가 실현될지도 정확하게 선택할 수 있습니다. 만약 캐릭터의 마을이 공격당하는 결과가 나왔다면, 마스터는 캐릭터들이 마을에 있는 동안 위험요소를 움직여서 침략자들에게서 마을을 지키는 흥미진진한 세션을 만들 수도 있고, 아니면 캐릭터들이 모험하러 바깥에 간 동안 위험요소를 움직여서 돌아왔을 때 그 결과를 목격하게 할 수도 있습니다. 만약 캐릭터들이 여행 중에 누군가를 만난다는 결과가 나왔다면, 마스터는 언제든 가장 적절해 보이는 때에 캐릭터들이 NPC를 만나게 할 수 있습니다.

만약 위험요소가 캐릭터들과 직접 관련이 없는 방식으로 움직인다면, 캐릭터들이 그 일을 꼭 알아차리게 하세요. 예를 들어 캐릭터들이 집에서 쉬는 동안 다른 마을이 공격당했다면, 떠돌이 행상인이 마을에 와서 이웃 동네가 처한 위험을 알려주는 식으로 정보를 전달할 수 있습니다.

만약 캐릭터들이 바깥에 있을 때 위험요소가 직접 캐릭터들의 고향에 영향을 미친다면 (대부분 이 경우일 것입니다), 마스터는 위험요소가 마을에 해를 끼치는 데에 성공했는지 여부와 그 결과로 어떤 일이 일어날지 결정을 내립니다. 이러한 사건은 플레이어들이 고향을 무방비 상태로 내버려 두고 떠난다면 마을이 얼마나 취약해질 수 있는지 절실히 느끼게 할 좋은 기회입니다. 물론 마을의 완전한 파괴는 좋은 선택이 아닙니다. 미래에 펼칠 수 있는 이야기가 늘어나기는커녕 줄어들 뿐이니까요. 대신, 캐릭터들이 마을의 피해를 복구하고, 납치당한 사람들을 구출하고, 이후 적들을 약화하기 위해 반격을 가하면서 얼마나 많은 모험을 펼칠 수 있을지 생각해 보세요.

이 방식으로 위험요소의 활동이 얼마나 성공적이었는지를 정하려면, 캐릭터들의 마을이 얼마나 방비를 했는지도 고려해야 합니다. 지난 모험이 끝난 다음 캐릭터들이 사람들을 이끌어서 마을 주변에 방책을 두르지 않았나요? 겨울 동안 마을 사람들을 훈련해서 민병대를 조직하고, 창과 방패로 무장시키지 않았나요? 의욕에 불타서 보물을 팔아 마을 주변에 성벽을 쌓거나 석재 감시탑을 세우지 않았나요?

캐릭터들이 마을에 투자한 돈과 시간은 눈에 띄게 보상받아야 합니다. 만약 캐릭터들이 길을 떠나기 전에 열심히 노력해서 마을을 잘 대비시켰다면, 분명 위험요소의 활동은 쉽게 퇴치되거나 큰 성공을 거두지 못했을 것입니다.

위험요소와 싸우기

캐릭터들은 분명 위험요소와 맞서 싸워서 세상을 구한 위대한 영웅이 되고 싶어 할 것입니다. 각 위험요소 묶음에는 캐릭터들이 어떻게 위험요소에 영향을 줄 수 있는지를 마스터에게 설명하는 항목이 있습니다. 이 부분을 다루려면 마스터는 상당한 재간을 발휘하고 현명한 판단을 내려야 합니다. 캐릭터들이 중요한 행동을 했다면, 분명 위험요소가 PC들을 주목하거나, 위기 수치가 낮아지거나, 활동 표가 바뀔 것입니다. 어쩌면 이 세 가지 결과가 동시에 일어날 수도 있을 것입니다.

금주의 위험요소 간략화하기

만약 마법 물품을 만들거나, 쉬면서 HP를 회복하거나, 겨울 동안 그냥 집에서 머물면서 마을에서 무슨 일을 하고 누구와 관계를 맺는지 이야기하는 등 캐릭터들이 휴식을 길게 취한다면, 마스터는 금주의 위험요소를 연달아 굴리는 대신 간략하게 나타낼 수 있습니다.

만약 간략하게 나타내기로 한다면, 해당 기간 위험요소가 얼마나 행동을 할지 기댓값을 확인하세요. 예를 들어 어떤 위험요소의 위기 수치가 4라면, 대략 삼 주마다 한 번씩 행동할 것입니다. 이 긴 휴식시간 동안 마스터는 주사위를 굴리지 않는 대신 위험요소가 세 번 행동한다고 정할 수 있습니다. 캐릭터들이 실제 플레이로 되돌아오면, 마스터는 다시 원래대로 매주 한 번씩 주사위를 굴립니다.

위험요소를 완전히 없애기는 훨씬 더 어렵습니다. 분노한 고룡과 최후의 대결을 펼치거나, 제국 수도가 끼치는 위협을 없애려면 무척 많은 시간을 들여야 합니다. 결국 캐릭터들은 힘을 쌓으면서 캠페인의 모든 요소를 균형 있게 활용해야 합니다. 이번 주에는 탐사를 나가 보물을 찾고, 다음 주에는 마을을 지키며, 그다음 주에는 위험요소의 위협에 대처하면서 때를 기다리다 보면 결국 문제와 직접 부딪힐 수 있을 것입니다.

새로운 위험요소 도입하기

캠페인을 진행하면서, 필연적으로 게임 세계에 새로운 위험요소를 도입해야 하는 경우도 있습니다. 때때로 캐릭터들이 대처해야 할 새로운 위협이 출현하는 방향으로 이야기가 흘러갈 수도 있고, 혹은 분위기 전환을 위해 새로운 적이 필요할 수도 있기 때문입니다.

이러한 일이 일어나면, 마스터는 새로운 위험요소를 집어넣어야 합니다. 물론 언제든지 새로운 위험요소가 갑자기 지도 위에 나타나 예상치 못하게 캐릭터들의 삶 속에 끼어들 수도 있습니다. 하지만, 가능하다면 이미 만들어진 배경에 맞추어 위험요소를 내보내세요. 캐릭터들이 이전에 탐험을 마친 지도에서도 새 위험요소가 만들어질 수도 있습니다. 이미 나타난 문제나 특정 지역의 악당을 어떻게 하면 캠페인을 뒤흔드는 위험요소로 바꿀 수 있을지 생각해보세요. 예를 들어 식량과 숙박 문제 때문에 캐릭터들과 사사건건 부딪힌 못된 여관 주인이 사실 어둠의 세력을 위해 일해 온 하수인이면 어떨까요? 반대로, 지도의 가장자리

바로 두세 칸 너머에서 캐릭터들의 지역에 영향을 미치기 시작하는 위험요소를 등장시킬 수도 있습니다.

새로운 위험요소를 등장시킬 때는 위험요소 꾸러미의 '캐릭터 만들기' 항목에서 캐릭터들의 능력치에 영향을 미치고 과거 이야기를 만드는 표 굴리기 부분을 생략합니다. 이미 플레이가 시작한 다음에 어린 시절의 사건을 정하는 표를 굴리기에는 너무 늦었기 때문입니다.

직접 위험요소 꾸러미 만들기

굳이 ***머나먼 곳으로***에서 소개하는 위험요소에 얽매일 필요는 없습니다. 만약 직접 위험요소를 만들려면, 다음 두 가지 부분만 확실하게 지켜주세요.

우선, 모든 위험요소 꾸러미에는 캐릭터 만들기 동안 플레이어들이 굴리는 캐릭터의 어린 시절 표가 있습니다. 플레이어들은 이 표를 사용해 위험요소에 대한 지식을 어느 정도 갖추고 게임을 시작할 수 있습니다. 표의 각 결과는 캐릭터들의 능력치 하나를 1 낮추며, 그 대신 다른 능력치를 1 올리거나 새로운 기능 하나를 줍니다. 직접 위험요소를 만들 때는 반드시 정식으로 1d6 표를 만들 필요는 없습니다. 만약의 경우에는 한두 가지 결과로도 충분합니다.

두 번째로, 각 위험요소는 위기 수치와 위험요소가 행동할 때 어떤 효과가 발생하는지 표가 필요합니다. p.17의 위기 수치 설명을 참고해서 여러분이 만들 위험요소에 어울리는 위기 수치를 선택하고, 위험요소가 행동하면 일어나면 무슨 일이 발생할지 생각해 보세요. 역시 처음부터 활동 표를 정식으로 만들 필요는 없습니다. 아이디어가 떠오를 때마다, 플레이에 실제로 위험요소가 행동할 때마다 채워 넣으세요. 캐릭터들이 어떻게 위기 수치를 낮출지, 위험요소에 어떻게 맞서 싸울지도 어느 정도 생각해 두어야 합니다.

책에서 소개한 위험요소 묶음을 참고해서 여러분의 위험요소에 어떻게 살을 붙여야 할지 아이디어를 얻으세요. 위험요소 묶음은 보통 지도 위에 소규모 장소를 추가해서 위험요소를 어떻게 무찔러야 할지 단서를 제공합니다.

캠페인 운영하기

공유형 샌드박스 캠페인을 운영할 때는 마스터가 계속 관리해야 할 사항이 많습니다. 전 세상이 생생하게 돌아가게 만드는 동안 한 장소에서 다른 장소로 가려면 시간이 얼마나 드는지 확인하고, 이 땅을 노리는 장군과 분노한 고룡, 사악한 리치 군주가 무슨 계획을 꾸미고 있는지 한꺼번에 진행하는 일은 무척 힘들 수도 있습니다. 이번 장에서는 여러분에게 이 모든 일을 어떻게 다루어야 할지 몇 가지 조언을 제공합니다.

시간 흐름 관리

시간의 흐름을 관리하기 위해 달력을 사용한다면 캠페인을 훨씬 매끄럽게 돌릴 수 있습니다. 캠페인이 진행되는 동안 캐릭터들은 특정한 날에 무언가 행동을 하거나, 며칠 정도 시간을 들여 지도 위를 여행할 것입니다.

여러분은 어떤 종류의 달력이든 원하는 대로 사용할 수 있습니다. 어떤 마스터는 자신의 게임 세계에 어울리는 역법을 만든 다음, 달마다 독특한 이름을 짓기도 합니다. 이러한 방법은 캠페인의 분위기를 한층 살리지만, 동시에 손이 많이 드는 방법이기도 합니다. 반면 현실 세계의 실제 역법을 그대로 사용하는 더 간단한 방법도 있습니다. 톨킨도 <반지의 제왕>에서 평범하게 현실 세계의 달력 이름을 사용했습니다.

저희는 편하게 사용할 수 있는 "간편한 음력" 달력을 책 뒷면에 수록했습니다. 이 역법은 하늘의 달이 한번 기울어졌다가 차오르는 주기를 1개월로 잡았습니다. 그러므로 특정한 의식의 지속 시간 등을 파악하는 데 도움이 될 것입니다.

모험 중반에 세션이 끝나는 경우, 달력에 날짜를 기록해 두었다가 다음 세션이 시작할 때 저번 플레이가 언제 끝났는지 플레이어들에게 상기시켜주세요. 또 어떤 때는 캐릭터가 휴식을 취하거나 마법 물품을 만드는 등 몇 가지 일을 하기 위해 마을 여관 같은 안전한 장소에서 시간을 보낼 수도 있습니다. 이 경우 게임 세션이 끝난 다음 시간이 얼마나 지날지 계산해서 달력에 기록하세요. 이 방법은 특히 치료 규칙을 적용해서 캐릭터들이 다시 모험에 나가기 전 잃어버린 HP를 모두 회복하는 데 얼마나 걸릴지 확인하는 데 도움이 됩니다.

또한 달력은 위험요소를 관리하는 데에도 유용하게 사용할 수 있습니다. 위험요소의 활동을 확인하는 특정한 요일을 지정한 다음 주기적으로 판정하세요. 위험요소의 계획이 언제 결실을 맺을지 날짜를 정해두면 위기 수치를 조정할 수도 있습니다. 이러한 관리 방법들을 활용하면 마스터의 부담이 훨씬 줄어듭니다.

역동적인 장소

플레이어 캐릭터는 그 본질상 게임 세계를 역동적으로 움직이는 역할을 합니다. 캐릭터들이 어느 장소를 방문하면 이들의 행동은 해당 장소의 거주자들에게 영향을 끼치며, 지도 역시 영향을 받아 바뀌기 시작합니다.

캐릭터들이 지도 위 장소 중 한 군데를 방문한 후에는, 그 장소가 주요 장소이든 소규모 장소이든 캐릭터들의 행동이 어떤 결과를 일으켰으며, 장소가 어떻게 바뀔지 생각해 보세요. 이 부분은 샌드박스형 캠페인의 가장 큰 재미 중 하나입니다. 만약 캐릭터들이 고블린 왕의 소굴에 쳐들어가서 전사들을 죽이고 보물을 가지고 달아났다면, 다음 번 들를 때는 분명 많은 부분이 달라져 있을 것입니다. 경비병이 더욱 늘어났거나, 소굴의 상층부를 포기하고 하층부의 수비를 더욱 강화했겠지요. 만약 캐릭터들이 정말로 큰 피해를 주었다면, 고블린들이 이곳을 버리고 도망간 탓에 이제는 빈 던전만 남아있을지도 모릅니다.

역동적이며 상호작용이 가능한 세계에서 플레이한다는 느낌을 플레이어들에게 주기 위해서는 그다지 많은 변화가 필요하지 않습니다. 그저 캐릭터들의 행동이 있고 난 뒤 해당 장소에 한두 가지 변화만 주면 충분합니다. 캐릭터들이 그 장소를 다시 찾을 때, 아무리 사소한 변화라도 플레이어들에게 보여줄 기회를 찾으세요.

반면 일부 장소는 캐릭터들이 들른 다음에도 변하지 않을 수 있습니다. 고블린 소굴은 캐릭터들의 침략에 확실히 반응을 보일, 생생히 살아있는 고블린들이 가득합니다. 하지만 몇몇 고독한 영들만이 거니는 숲 변두리의 잊힌 대성당은 캐릭터들이 몇 번을 방문하든 큰 변화가 없을 것입니다. 캐릭터들이 특정 장소에 어떤 영향을 줄지 결정할 때는 상식을 활용하세요.

우호적인 인간 정착지 역시 캐릭터들 때문에 일어날 변화를 종종 고려해야 합니다. 캐릭터들이 어느 마을에서 보물을 잔뜩 팔면, 지도 위에서 일어나는 부와 물자의 흐름이 바뀔 것입니다. 이러한 변화를 반영하는 데에 경제적

지식을 동원할 필요는 없습니다. 플레이어들은 세부사항이 어떻게 달라질지는 그다지 신경 쓰지 않을 테니까요. 다시 한번 강조하지만, 캐릭터들 때문에 일어나는 게임 무대 내의 작은 변화만으로도 플레이어들의 눈길을 끌기에는 충분할 것입니다.

PC들이 방문한 각 장소의 주목할 사항을 간단하게 적어두면 도움이 됩니다. 전사 캐릭터가 훌륭한 칼을 어디에서 샀는지, 캐릭터들이 어느 마을의 시장을 모욕했는지 등을 기록해 놓는다면 이후 어떤 모험을 만들어야 할지, 훗날 특정한 NPC가 캐릭터들과 어떻게 상호작용을 할지 정할 수 있습니다.

플레이를 계속 돌아가게 만들기

공유형 샌드박스 캠페인은 지난 세 장에 걸쳐 설명한 대로 마스터의 부담을 크게 덜어줍니다. 특히 위험요소 묶음을 캠페인의 주요 적대세력으로 사용하기로 했다면 더욱 편해집니다. 여러분은 이 자체로 캠페인을 완벽하게 돌릴 수도 있습니다. 지도 위에는 탐험할 흥미진진한 장소가 가득하며, 여러분이 직접 나서지 않더라도 캐릭터들에게 압박을 가할 위험한 적들이 있습니다. 또한 중간중간에 캐릭터들을 계속 바쁘게 만들 지역 안의 조우도 있습니다.

그렇지만 여러분은 얼마든지 자유롭게 창조성을 발휘해서 플레이어들이 대처해야 할 흥미진진한 플롯과 문제들을 내놓을 수 있습니다. 다시 말해, 지금까지 설명한 도구를 사용하지 않더라도 여러분은 모험을 준비할 수 있습니다. 고향의 NPC들은 서로 흥미진진한 대인관계 문제를 계속 발생시킬 것이며, 숲에는 언제나 더 많은 위험이 도사리고 있습니다. 이 책은 여러분이 꼭 준비할 일의 양을 줄이는 방법을 제공할 뿐, 여러분이 스스로 원해서 준비하는 내용을 막지는 않습니다. 모험에 쓰고 싶은 아이디어가 있다면, 얼마든지 사용하세요!

여행과 탐사

판타지물에서는 멋지고 흥미진진한 여행 이야기가 수없이 등장합니다. ***울타리 너머***에서 길은 위험이 가득한 곳이기 때문에, 지도 위의 다른 장소로 가는 일은 그리 간단하지 않습니다. 그러므로 길 위에서는 항상 경계와 주의를 게을리하지 말아야 합니다. 하지만 위험한 상황이나 전투, 기대치 못한 친구들과의 만남은 언제든지 일어날 수 있습니다. 또한 캐릭터들은 어떻게 배를 채우고, 어떻게 추위를 피할지 염두에 두어야 합니다. 획득한 보물을 어떻게 가지고 돌아올지 고민하는 것은 말할 필요도 없습니다.

이 장은 공유형 샌드박스 세계를 플레이할 때 지도 위를 여행하는 규칙을 설명합니다. 또한 길 위에서 장비나 물품을 어떻게 관리할지 몇 가지 선택 규칙도 함께 제시합니다.

이 장에서 소개하는 모든 규칙은 육각형 칸이 그려진 지도를 사용하는 것을 전제로 하며, 각 육각형의 너비는 p.12에서 논의한 대로 10마일(16km)입니다. 만약 다른 지도나 다른 축적을 사용한다면, 그에 맞추어 규칙을 조정하세요.

여행

캐릭터들이 도보로 이동할 때는 보통 하루에 20마일(32km)을 갑니다. 물론 이 여행 속도는 추상적으로 정한 수치이지만, 육각형 지도를 기준으로 할 때는 말이 얼마나 기운이 넘치는지, 모험가들이 얼마나 피곤한지 등의 세부적인 사항을 따져서 여행 속도를 정하는 것보다 이편이 훨씬 쉽습니다.

따라서, 캐릭터들은 대부분 상황에서 하루에 도보로 두 칸을 이동하거나, 어느 칸으로 들어간 다음 다시 돌아갈 수 있습니다. 넓은 강이나 높은 산 같은 매우 큰 자연적인 장애물이 없다면 캐릭터들은 육각형 칸 중 어느 방향으로든 들어간 다음, 역시 어느 방향으로든 나갈 수 있습니다.

승용 동물로 여행하기

대부분의 상황에서 승용 동물을 탄 캐릭터들은 도보로 이동할 때와 속도가 같지만, 힘을 덜 들이고도 훨씬 더 많은 짐을 가지고 움직일 수 있습니다. 만약 캐릭터들이 속도를 높인다면, 도로 위에서 마차 등의 탈것을 끌지 않는 말을 탄 캐릭터는 하루에 40마일(64km)까지 이동할 수 있습니다. 하지만 이렇게 강행군을 한 동물은 보통 지치기 때문

한눈에 보는 여행 속도

도로가 없는 곳에서 탈것을 사용 – 1칸
일반적인 도보 여행 – 2칸
도로 위에서 탈것을 이용 – 2칸
뗏목을 타고 상류로 거슬러 오르기 – 2칸
뗏목을 타고 하류로 내려가기 – 3칸
도로에서 말을 타고 짐 없이 속력 높이기 – 4칸
큰 배를 타고 바다 항행하기 – 8칸
험지 – 일반적인 속도의 절반

에, 말을 갈아타지 않는 한 하루밖에 속도를 높일 수 없습니다. 황야에서 말에 탄 캐릭터는 평상시대로 하루에 20마일(32km)을 갑니다.

탈것으로 여행하기

큰 도로나 지면 상태가 좋은 길, 탁 트인 초원지대에서 수레나 마차 같은 탈것에 탄 캐릭터들은 도보로 이동할 때와 마찬가지로 하루에 20마일(32km), 즉 두 칸을 이동합니다. 도로가 없는 곳에서 탈것을 탄 캐릭터들은 하루에 10마일(16km), 즉 한 칸밖에 이동하지 못합니다. 야생에서 겪는 조우 중 일부는 탈것을 탄 캐릭터들과 짐 운반용 동물에게 더욱 힘든 상황을 던집니다.

험지

산악 지대나 늪지대, 험난한 황무지 등의 험지를 여행하는 캐릭터들은 좀 더 느리게 움직입니다. 지역을 제작할 때는 이 부분을 항상 명심해 두세요. 간편하게 하기 위해, 험지를 여행하는 캐릭터들은 여행 속도가 절반으로 느려진다고 간주합니다.

따라서, 캐릭터들은 대부분 상황에서 하루에 10마일(16km), 즉 한 칸을 이동합니다. 이 지역의 조우 표에는 아마도 캐릭터들이 길을 잃거나 움직이지 못하는 상황이 더욱 많이 있을 것입니다.

하지만 언덕이나 황무지, 툰드라 등의 일부 지형에서는 상태가 좋은 도로가 있으면 캐릭터들은 일반적인 속도로 (하루에 20마일(32km), 즉 두 칸) 이동할 수 있습니다.

수상 여행

큰 강이나 바다에서는 가장 빠른 속도로 여행할 수 있습니다. 큰 수로를 뗏목으로 이동하는 캐릭터들은 상류로 거슬러 올라갈 때 하루에 보통 20마일(32km), 즉 두 칸을 이동합니다. 하지만 하류로 내려갈 때는 30마일(48km), 즉 세 칸을 이동합니다.

캐릭터들이 바다에서 큰 배를 탈 수 있다면, 육지에서 움직일 때보다 훨씬 빠른 속도로 이동할 수 있습니다. 큰 배는 바다 위에서 하루에 80마일(128km), 즉 여덟 칸을 이동합니다.

조우

여행에 나선 캐릭터들은 매일 한 번씩 조우를 겪을 확률이 있습니다. 조우가 벌어질 가능성은 p.14에서 설명한 대로 캐릭터들이 여행 중인 지역에 따라 정해집니다.

캐릭터들이 하루 동안 여러 지역을 거쳐 간다면, 캐릭터들이 가장 많이 시간을 보낸 지역에서 조우 판정을 하세요. 만약 각 지역에서 보낸 시간이 동등하다면 (예를 들어 도보로 각 지역에서 한 칸씩 이동한다면), 마스터는 무작위로 지역을 선택하거나 어느 지역에서 판정할지 직접 정하세요. 저희는 더욱 재미있는 조우 표가 있는 지역을 추천합니다.

조우는 하루 중 어느 때라도 일어날 수 있으며, 일부 조우는 언제 발생하는지 정확히 명시되어 있습니다. 예를 들어 다른 여행자와 만나는 조우는 보통 낮 동안 걸을 때 발생하지만, 다른 몇몇 조우는 오직 캐릭터들이 자는 밤에만 일어날 것입니다. 이 때문에, 마스터는 하루가 시작할 때 조우 판정을 한 다음, 가장 적합하다고 생각되는 시간에 조우를 일으키세요. 만약 마스터가 해당 조우가 밤에 일어난다고 정한다면, 그 조우가 벌어질 때 누가 보초를 서고 있었는지 고르세요.

캐릭터들은 조우가 벌어졌을 때 능력치 판정에 성공하면 조우를 미리 알아차리거나, 피하거나, 잘 대처할 수 있습니다. 이 판정은 해당 지역의 조우 표에 설명되어 있습니다. *만약 캐릭터들이 적에게 기습당했는지를 결정하는 능력치 판정을 해야 한다면, 일행에 속한 모든 캐릭터가 각자 판정합니다.* 판정에 실패한 캐릭터는 허를 찔려서 전투 첫 라운드에 행동하지 못하지만, 판정에 성공한 캐릭터들은 평소대로 행동할 수 있습니다.

그 밖의 모든 다른 능력치 판정은 캐릭터 한 명을 대표로 뽑아 판정합니다. 누구를 대표로 뽑을지는 보통 캐릭터들이 무엇을 잘하며, 일행 안에서 어떤 역할을 맡는지에 따라 명확하게 알 수 있습니다. 모험가 일행에는 보통 "야생 전문가" 캐릭터와, "똑똑한" 캐릭터, "매력적인" 캐릭터, "주의 깊은" 캐릭터가 있으며, 길 위에서 벌어지는 조우 대부분은 이런 분류로 나누어서 해결할 수 있습니다.

이 방법이 도움이 된다면, 마스터는 플레이어들에게 길잡이와 협상가, 학자, 정찰꾼 역할을 할 캐릭터를 뽑게 시킬 수 있습니다. 조우가 발생하면 판정 대부분은 이 캐릭터들이 맡아서 굴릴 것입니다.

만약 누가 판정을 해야 할지 명확하지 않다면, 마스터는 어떤 캐릭터가 조우하는지 무작위로 정하거나, 직접 어떤 캐릭터가 판정할지 정합니다.

다른 캐릭터들은 평상시와 마찬가지로 행운 점수나 적절한 기능이 있다면 판정하는 캐릭터를 도와줄 수 있습니다.

*예: 캐릭터들은 황금빛 떡갈나무 숲을 지나가고 있습니다. 마스터인 이안은 하루가 시작할 때 조우 판정을 해서 1이 나왔습니다. 오늘은 캐릭터들이 조우를 겪을 것입니다! 이안은 조우 표를 굴렸고, 3이 나왔습니다. '깊은 협곡'입니다. 이 조우의 내용은 다음과 같습니다. "**민첩성** 판정을 해서 지나가야 합니다. 실패하면 모든 캐릭터가 1d4점 피해를 받습니다. 만약 짐 운반용 동물이 있다면, **지혜** 판정도 해서 같이 협곡을 지나가야 합니다. 실패하면 협곡을 지나는 다른 길을 찾느라 하루를 허비합니다."*

*캐릭터 일행은 동물을 데리고 다니지 않기 때문에, 최소한 이 부분은 걱정하지 않아도 됩니다. 하지만 PC들은 여전히 협곡을 건널 길을 찾아야 하므로, **민첩성** 판정을 해야 합니다. 이런 종류의 판정은 보통 존의 캐릭터인 젊은 숲사람 가레스가 맡아서 합니다.*

*이안은 정오가 조금 지난 무렵, 플레이어들이 깊고 위험한 협곡을 가로질러야 한다고 선언합니다. 가레스는 **민첩성**이 15이고, 이안의 허락을 받아 생존술 기능을 판정에 적용합니다. 즉, 가레스는 판정 결과가 17 이하면 협곡을 건널 수 있습니다. 존은 무난하게 성공했고, 가레스가 어떻게 다른 사람들을 도와 안전하게 협곡을 건넜는지 묘사합니다.*

탐사

캐릭터들은 때로 캠페인 지도 위에 있는 주요 장소나 소규모 장소를 찾아 여행을 떠납니다. 캐릭터들이 해당 장소가 있는 칸으로 들어갔다고 해서 꼭 목적지를 발견한 것이 아니라는 사실을 알아두세요. 물론 때로는 길가에 있는 여관이나 대도시처럼 명백하게 눈에 띄는 장소도 있습니다.

하지만 황무지에 아무도 모르게 세워진 환상열석 같은 장소는 훨씬 찾기 힘들 것입니다. 무언가 흥미진진한 것을 찾고 싶다면, 플레이어들은 이 칸에 어떤 장소가 있는지 알든 모르든 간에 해당 칸을 탐사한다고 선언할 수 있습니다.

10마일(16km) 크기의 칸을 탐사하려면 온종일 찾아봐야 합니다. 즉, 캐릭터들이 낮 동안, 또는 저녁이 되어서 해당 칸에 막 도착했다면, 먼저 야영을 하고 쉰 다음 내일 탐사를 해야 합니다.

장소 대부분은 플레이어들이 온종일 해당 칸을 수색한다고 선언하면 자동으로 찾을 수 있습니다. 하지만, 숨겨진 무덤이나 잃어버린 엘프들의 거주지처럼 찾기 힘든 은밀한 장소의 경우 마스터는 탐사를 책임지는 캐릭터가 **지능** 판정에 성공해야 해당 장소를 발견했다고 선언할 수 있습니다. 장소가 얼마나 찾기 어려운지에 따라 판정에 수정치를 더하세요. 판정에 실패한 캐릭터들은 자신들이 올바른 칸 위에 있다고 확신할 경우 다음 날 다시 한번 **지능** 판정을 해서 재탐사에 나설 수 있습니다.

야영

대부분의 영웅은 좋은 여관에서 쉬거나, 최소한 마구간에서라도 몸을 눕히기를 바랍니다. 이런 곳에서는 쉽고 편하게 휴식을 취할 수 있습니다. 비록 캐릭터들은 조금이라도 보초를 설 필요를 느낄 수도 있지만 말입니다.

길 위에서 야영을 하려면 훨씬 피곤하며, 위험도 감수해야 합니다. 어떻게든 쉴 수 있는 따뜻한 장소를 찾은 다음 번갈아 가면서 보초를 섰다고 가정한다면, ***울타리 너머, 또 다른 모험으로***의 p.23에서 설명한 것처럼 캐릭터들은 쉬는 동안 HP를 회복하지 못합니다.

만약 캐릭터들이 길 위에서 자는 동안 HP를 회복하고 싶다면, 두 가지 조건을 만족시켜야 합니다: 첫째, 다른 사람

아무도 보초를 서지 않는다면?

정상적인 상황에서, 캐릭터들은 야외에서 야영할 때 주의를 기울이면서 적절하게 보초를 세울 것입니다. 때로 이러한 경우에도 마스터의 판단에 따라서 밤중에 무슨 일이 일어날 수도 있지만, 최소한 보초를 서는 캐릭터는 알아차릴 것입니다. 특히 마스터는 p.23에 설명된 것처럼 캐릭터 중 한 명이 밤중에 보초를 서는 동안 조우를 일으킬 수 있습니다.

만약 캐릭터들이 어리석거나 절박한 상황에 빠져서 보초를 세우지 않는다면, 일행이 자는 동안 무언가 좋지 않거나, 최소한 기대하지 않은 일이 일어날 확률이 높습니다. 저희는 마스터에게 해당 지역의 조우 표를 본 다음, 조우 하나를 선택해서 캐릭터들이 자는 동안 자동으로 성공시키기를 권장합니다. 즉, 캐릭터들은 조우가 발생했을 때 허를 찔려 불리한 위치에 놓일 것입니다.

이 자신 몫까지 보초를 서야 합니다. 둘째, 좀 더 편안히 잘 수 있는 장소를 찾아야 합니다.

첫 번째 조건은 쉽습니다. 누구든 다른 사람이 밤새 쉬는 동안 그 사람 몫까지 대신 보초를 서면, 상대는 HP 1점을 회복할 수 있습니다. 각 캐릭터는 한 사람 몫을 대신 설 수 있습니다. 그 이상은 안 됩니다. 누구든 어느 정도 잠은 자야 하니까요. 두 번째 조건은 더 어렵습니다. 푹 쉬기에 적당한 야영지를 찾아서 준비하는 데에는 **지혜** 판정이 필요합니다. 생존술이나 야영 기능이 있으면 판정에 도움이 됩니다. 마스터는 주변 지형과 계절, 그 외 고려사항에 따라 보너스나 페널티를 더할 수 있습니다.

일행이나 동료, 부하들이 많은 대규모 집단은 휴식하기 훨씬 편합니다. 만약 보초를 맡을 사람의 수가 최소한 여섯 명 이상이라면, 이 여섯 명 외의 모든 사람은 보초를 설 필요 없이 HP를 회복할 수 있습니다.

물자

길에 나선 여행자들은 생존에 필수적인 물과 식량이 부족해지지 않도록 언제나 신경을 씁니다.

캐릭터들은 보통 하루 마시기에 충분한 물을 지니고 다니지만, 여행하는 동안 물을 채울 기회는 많습니다. 그러므로 유난히 가혹한 환경이 아니라면 물은 큰 걱정거리가 아닙니다. 하지만 사막 같은 곳에서는 무리해서 짐을 싸지 않는 이상 하루 치 물 밖에 가지고 다닐 수 없습니다.

일반적인 휴대 식량은 한 번에 7일 치, 비상 휴대 식량은 한 번에 14일 치 가지고 다닐 수 있습니다. 만약 식량이 떨어지면 사냥이나 채집으로 부족한 식량을 보충할 수 있지만, 여행 속도는 크게 늦어집니다. 식량을 확보하려면 일행 중 사냥꾼이나 채집꾼을 뽑아 매일 **지혜** 판정을 합니다. 다른 일행은 평상시와 마찬가지로 판정을 도울 수 있습니다. 판정에 성공하면 열 명 이하의 일행이 한 끼 먹을 수 있는 식량을 확보할 수 있습니다. 사냥이나 채집을 하는 동안 일행의 여행 속도는 절반으로 떨어집니다. 따라서, 도보로 다니는 여행자들은 하루에 10마일(16km), 즉 한 칸밖에 이동할 수 없습니다.

어떤 지역은 다른 곳보다 사냥감이나 식용 식물을 찾기 쉬울 수도, 어려울 수도 있습니다. 그러므로 이러한 지역에서 식량을 구한다면 사냥이나 채집 판정에 보너스나 페널티를 받을 것입니다. 편의를 위해, 풍족한 지역에서는 판정에 +2 보너스를 받고, 척박한 지역에서는 -2 페널티를 받는 것으로 간주합니다. 이 수정치는 그저 대략적인 수치라는 사실을 명심하세요. 어떤 지역에서는 전혀 달라질 수도 있습니다. 예를 들어 화산재가 쌓인 암흑 군주의 평원에서 식량을 채집하려면 무척 어려울 것입니다!

식량이나 물이 떨어진 캐릭터는 즉시 고통을 겪습니다. 캐릭터는 하루마다 모든 판정에 -1 페널티씩 누적되며, 누적된 페널티는 여관이나 고향의 집 같은 곳에서 편안하게 휴식을 취하면서 물과 식량을 섭취할 때까지 사라지지 않습니다.

짐승을 탄 캐릭터는 도보로 다닐 때보다 물과 식량을 두 배로 가지고 다닐 수 있습니다. 수레나 마차를 가진 캐릭터는 마스터의 허락이 있으면 훨씬 더 많이 가지고 다닐 수 있지만, 얼마나 가지고 다닐 수 있을지 명확하게 정한 규칙은 없습니다. 만약 이 부분을 명확하게 정한다면 플레이어들은 분명 다른 짐도 잔뜩 실으려 할 것이고, 결국 따분하고 복잡한 하중 규칙을 사용할 수밖에 없기 때문입니다. 수레나 마차에 무엇을 얼마나 실을 수 있는지는 마스터와 플레이어들이 논의하여 결정하세요.

장비

캐릭터들이 항상 완전무장을 한 채로 다니지는 않을 것입니다. 매우 비효율적이고 힘든 일이니까요. 다음에 소개하는 규칙은 캐릭터들이 여행을 하고 휴식을 취할 때 얼마나 대비가 되어있는지를 나타내기 위해 사용할 수 있습니다. 하지만 어떤 테이블에서는 화살 개수가 몇 개인지, 활시위를 걸었는지 풀었는지를 굳이 신경 쓰지 않습니다. 그러므로 이 규칙들은 모두 선택사항입니다. 하지만 이 규칙들을 적용한다면 캐릭터들의 여행에 사실성을 추가할 수 있으며, 플레이어들은 한층 더 전술적인 고려를 할 수 있습니다.

사냥꾼과 함께 여행하기

운이 좋은 모험가들은 훌륭한 사냥꾼과 함께 다닐 수도 있을 것입니다. 특별한 경우, 캐릭터들이 동의한다면 다른 일행이 야영을 준비하는 동안 사냥꾼은 사냥감을 추적할 수 있습니다. 이 추가 규칙은 앞에서 소개한 일반적인 사냥 및 채집 규칙보다 좀 더 자세하며, 아마도 좀 더 좋은 결실을 얻을 수 있습니다.

사냥꾼은 평상시와 마찬가지로 사냥 기능과 지형 및 다른 고려사항에 따라 수정치를 받고 **지혜** *판정을 합니다. 판정에 성공하면 사냥꾼은 사냥감을 발견해서 쓰러뜨려야 합니다. 울타리 너머, 또 다른 모험으로의 '괴물도감' 장에 있는 동물의 수치를 사용해 빠르게 전투를 치르세요.*

승리한 사냥꾼은 사냥감을 야영지로 가져와 그날 남은 시간 동안 일행을 지시해 잡은 동물을 훈제 요리로 바꿀 준비를 합니다. 일행은 다음날 야영지에서 머물면서 고기를 소금에 절이고 연기를 쏘인 다음 저장해야 합니다. 이 과정으로 한 사람이 대략 30일 치 먹을 수 있는 식량을 확보할 수 있습니다.

짐

마을 밖으로 떠난 캐릭터들은 여러 장비를 가지고 다니며, 돌아올 때는 보통 보물까지 들고 옵니다. 즉, 짐이 많은 캐릭터는 전투나 다른 행동을 할 때 어려움을 겪을 수도 있습니다. 각종 장비와 짐을 잔뜩 지니고 다니는 캐릭터는 모든 전투 판정과 등반이나 도약 같은 신체적 판정에 -2 페널티를 받습니다. 캐릭터들은 보통 전투가 시작될 때 짐을 내려놓고 무기를 뽑기 때문에 대부분의 경우는 신경 쓸 필요가 없습니다. 하지만 만약 기습을 당하거나 전투 준비가 되어 있지 않다면, 짐을 내려놓고 무기를 뽑는데 한 라운드가 걸리는 것으로 간주합니다.

갑옷

캐릭터들이 먼 거리를 걷거나 말을 타고 다닐 때는 아마 갑옷을 입지 않겠지만, 편의상 이 부분은 무시할 수 있습니다. 하지만, 분명 잠을 자면서 갑옷을 입지는 않을 것입니다. 캐릭터들은 갑옷을 벗고 자야 하며, 아무리 준비를 하더라도 가죽 갑옷을 입고 자는 것이 한계입니다. 사슬 갑옷이나 그보다 무거운 갑옷을 입는 캐릭터는 밤에 공격당할 때 갑옷을 입지 않을 것입니다.

활과 화살

캐릭터들이 화살 개수를 관리한다면, 전투가 끝난 다음 사용한 화살을 다시 주우려고 할 수도 있습니다. 만약 회수를 방해받지 않는다면, 사용한 화살의 절반을 되찾을 수 있습니다. (소수점 버림) 이 경우는 벼랑 너머나 거센 강물 속으로 화살을 쏘는 등의 다른 요인이 없다는 것을 전제로 합니다. 그런 화살은 되찾을 수 없습니다.

캐릭터들은 보통 활시위를 푼 채로 여행을 합니다. 던전이나 고블린의 소굴 같은 곳에서는 분명 활시위를 걸고 다닐 것이지만, 만약 평범한 여행 상황에서 공격을 당한다면 활을 준비하는 데 어느 정도 시간이 필요합니다. 숙련된 궁수는 재빨리 활시위를 거는 데 한 라운드가 걸립니다.

보물

앞에서 언급했듯, ***울타리 너머***에서는 자세한 하중 규칙을 사용하지 않습니다. 즉, 마스터는 캐릭터들이 짐을 들고 이동할 수 있을지 스스로 판단을 내려야 합니다. 특히 모험을 성공적으로 끝낸 다음 막대한 양의 보물을 가지고 집으로 돌아갈 때는 더더욱 판단이 필요합니다.

캐릭터들이 많은 양의 동전이나 보석, 값진 예술품 등을 발견했다면, 분명 가지고 가려 할 것입니다. 바로 이럴 때를 위해서 말이나 수레, 마차가 있습니다. 도보로 이동하는 캐릭터는 은화 1,000냥 어치의 보물을 가지고 다닐 수 있다고 생각하세요. 이 수치는 캐릭터가 동전과 보석을 섞어서 다니는 것을 가정한 양입니다. 만약 동전이 전부 동화이거나, 보물이 커다란 대리석 석상이라면 가지고 가기 훨씬 어려울 것입니다.

죽음과 새로운 캐릭터

*울타리 너머*를 플레이하다 보면, 사랑하는 캐릭터가 죽을 수도 있습니다. 특히 긴 캠페인일수록 죽을 가능성이 더 커집니다. 남은 캐릭터들은 아마 한 마을에서 오랜 시간을 같이 지냈고, 현재 캠페인에서 활동 중인 위험요소에 다 함께 연결되어 있을 것입니다. 그러므로 이미 확립된 캠페인에 새로운 캐릭터가 뛰어들기가 어려울 수도 있습니다. 마찬가지로, 현재 진행 중인 게임에 새로운 플레이어가 참가할 때도 이와 비슷한 어려움을 겪을 수밖에 없습니다. 이번 장은 진행 중인 캠페인에 새로운 캐릭터를 등장시킬 수 있도록 도움을 주는 몇 가지 방법을 소개합니다

새로운 캐릭터의 시작 경험치

테이블 참가자들은 우선 새로운 캐릭터와 아마 훨씬 레벨이 높을 기존 PC들 사이의 힘의 격차를 어떻게 처리해야 할지 결정해야 합니다. 이 부분은 테이블마다 서로 다른 방식으로 처리하겠지만, 저희는 새로운 캐릭터에게 경험치를 일부 주는 방식을 선호합니다. 만약 새로운 플레이어가 테이블에 참가했다면, 기존 플레이어들의 캐릭터 중 가장 경험치가 낮은 캐릭터와 같게 경험치를 배분하세요. 이 방식을 사용한다면, 새로운 캐릭터는 다른 일행을 압도하지 않고도 충분히 한몫을 담당할 수 있습니다.

반면, 어떤 테이블에서는 새로운 캐릭터를 아무 경험치도 없는 레벨 1로 시작해 스스로 다른 캐릭터들을 따라잡게 하는 편을 선호할 수도 있습니다. 이 방법은 생각보다 어렵지 않습니다. 기존 PC들은 매우 어려운 도전에 부딪힐 가능성이 커지기 때문에, 일행에 들어온 새로운 캐릭터는 매우 빠르게 성장을 할 것입니다. 즉, 몇 세션만 지나더라도 레벨의 격차는 크게 줄어듭니다. 이 방법은 플레이어들이 캐릭터들이 발전하고 있다는 사실을 느낄 수 있으며, 게임 세계 내에서 거둔 성공에 큰 의미를 가질 수 있습니다.

만약 새로운 캐릭터에게 경험치를 주고 시작한다면, 레벨을 높이면서 얻을 수 있는 모든 혜택을 잊지 말고 주세요. 특히 마법사는 레벨이 높아질 때마다 추가로 주술과 의식을 하나씩 얻어야 합니다.

새로운 캐릭터 만들기

플레이어는 새로운 캐릭터를 만들 때 몇 가지 방법을 선택할 수 있습니다. 모든 새로운 캐릭터를 무조건 똑같은 방식으로 만들 이유는 없습니다. 상황에 따라 가장 알맞은 방법을 선택하세요.

간단한 캐릭터 제작

울타리 너머, 또 다른 모험으로 p.9에 설명한 대로, 플레이어는 간단하게 캐릭터를 만들 수 있습니다. 이 방식은 빠르고 신경 쓸 사항이 거의 없기 때문에, 새로운 캐릭터는 즉시 모험에 뛰어들 수 있습니다

캐릭터 플레이북 사용하기

플레이어는 일반적인 새로운 캐릭터처럼 자기 PC를 캐릭터 플레이북을 사용해 만들 수도 있습니다. 이 방식으로 합류하는 캐릭터는 한 가지 다른 부분이 있습니다. 바로 과거 사건을 같이 겪을 친구가 없으므로, 능력치 하나가 1점 모자랄 수밖에 없다는 문제입니다. 이를 보상하기 위해, 새로운 캐릭터는 능력치 하나를 무작위로 선택해 1점 올립니다

NPC 승급시키기

때로는 새로운 영웅이 되어 다른 PC들과 함께할 NPC가 기다리고 있는 경우도 있습니다. 이 NPC는 아마 부하거나 동료, 또는 이미 PC들과 잘 아는 게임 세계 내의 누군가일 수도 있습니다. 만약 테이블 참가자들이 동의한다면, 이러한 캐릭터는 PC로 "승급"합니다. 만약 이 캐릭터가 능력치와 다른 수치를 이미 가지고 있다면 그대로 사용하세요. 그렇지 않다면, ***울타리 너머, 또 다른 모험으로*** p.9에 나온 간단한 캐릭터 제작을 사용해 신속하게 캐릭터를 만든 다음 출발하세요

영웅의 과거

새로운 캐릭터를 만든 다음에는 이 캐릭터를 진행 중인 캠페인에 끼워 넣어야 할 시간입니다. 이 캐릭터가 승급된 NPC가 아니라면, 기존 일행에 들어가야 할 이유와 일종의 배경을 만들어야 할 것입니다. 이 과정을 돕기 위해 저희는 새로운 영웅에 관한 추가 정보를 만들 수 있도록 일종의 보조 플레이북을 표로 제공합니다.

이 표는 캐릭터가 막 자신만의 모험을 성공적으로 마치고, 영광스러운 승리와 보물을 발치에 두었다는 것을 가정합니다. 다음 네 가지 표를 각각 굴린 다음 마스터와 새로운 캐릭터의 플레이어는 주사위 결과를 적절히 짜 맞추어 캐릭터가 겪은 가장 최근의 모험 이야기로 만듭니다. 더욱 중요한 사항으로, 여러분은 이 이야기를 활용해 가능한 한 매끄럽게 이 캐릭터를 새로운 PC 일행으로 만들어야 합니다. 결과마다 어떻게 하면 기존 PC들의 배경 이야기에 결합할 수 있을지 기회를 모색하세요.

1d8	누구를 구했나요?
1	다른 PC들의 고향에서 사는 NPC.
2	다른 PC 중 하나의 가족.
3	캠페인의 위험요소 중 하나와 싸우는 다른 마을이나 인간 정착지.
4	과욕을 부리다 곤경에 빠진 소군주.
5	도움이 간절히 필요한 드라이어드 같은 특정 장소의 영.
6	여러분을 요정의 친구로 선언한 영향력 있는 요정.
7	이 지역의 야생지대에서 홀로 살아가는 소박한 농부 가족.
8	지도 위의 주요 장소 중 한 군데의 근처에 사는 NPC.

1d6	무슨 보물을 얻었나요?
1	상당한 힘을 지닌 위대한 전설 속의 마법 무기
2	무기 외의 다른 마법 물품
3	함께 모험을 하면서 여러분을 지키기로 맹세한 동료 하나.
4	여러분을 받들기로 약속했고, 이미 한 달치 보수를 받은 피고용인 2d6명.
5	많은 양의 돈. 여러분은 레벨 당 은화 300냥의 돈을 가지고 시작합니다.
6	지도 위의 주요 장소 중 한 군데에 관한 매우 정확한 지식.

부활

여러 작품에서, 아직 할 일이 남은 영웅들은 죽음마저 극복하고 산 자들의 세계로 돌아옵니다. 하지만 RPG에서 이런 방식의 이야기 전개는 자칫 논쟁을 부를 수도 있습니다. 플레이어들은 캐릭터들이 죽을 수 있다는 위험 때문에 더욱 생생하게 플레이를 즐기며, 캐릭터들의 행동은 돌이킬 수 없는 패배의 가능성이 있어야 더욱 의미가 있기 때문입니다.

그렇지만 어떤 테이블에서는 죽은 캐릭터가 게임으로 돌아오기를 바랄 수도 있습니다. 이 부분은 결정을 내리기 전에 되도록 마스터와 플레이어 모두가 함께 의논해야 합니다. 죽은 캐릭터의 귀환은 언제나 게임 내에서 중요한 사건이 되어야 하며, 결코 당연한 일처럼 여겨져서는 안 됩니다. 플레이어들이 특별하게 느끼도록 만드세요!

만약 죽은 캐릭터를 돌려보내기로 했다면, 그저 마을에 다시 돌아가는 것보다 훨씬 극적이고 흥미진진하게 **부활**시켜야 합니다. 다음은 **부활**을 가능한 한 특별한 이야기로 만들 수 있는 세 가지 예입니다. 가장 적합해 보이는 방법을

1d8	누구를 화나게 했나요?
1	여러분의 훼방 때문에 기분을 상한 어느 지방 군주.
2	결코 하찮게 볼 수 없는 강력한 마법사.
3	악마, 또는 강력한 질서/혼돈의 영.
4	복수를 다짐한 어느 요정 군주.
5	고블린이나 야수 인간, 또는 오거 같은 조직된 괴물 부족.
6	이 땅을 떠도는 또 다른 경쟁자 "영웅" 일행.
7	다른 PC들의 고향에 사는 중요한 NPC.
8	이제 여러분을 개인적으로 알게 된 캠페인의 위험요소 중 하나.

1d6	다른 PC들은 왜 여러분을 신뢰하나요?
1	여러분은 어릴 적, 다른 PC들과 유년기를 함께 보냈습니다.
2	다른 PC들은 여러분이 새로 얻은 명성을 알고 있으며, 이를 믿습니다.
3	믿을 만한 NPC가 여러분을 보증합니다.
4	여러분은 다른 PC 중 한 명 이상과 혈연관계입니다.
5	여러분은 다른 PC들에게 빚을 졌습니다. 다른 PC들은 여러분이 보답할 거라 믿습니다.
6	다른 PC들은 여러분에게 빚을 졌습니다. 여러분은 다른 PC들이 보답할 거라 믿습니다

고르거나, 현재 상황과 여러분 취향에 따라 직접 방법을 만드세요. 원하지 않는다면 굳이 선택하지 않아도 됩니다.

그림자에 물들다

캐릭터는 **부활**했지만 죽음을 겪고 변했으며, 어둠의 힘에 속박당했습니다. 이 저주는 캐릭터를 다시 망자의 세계로 끌고 갈 기회를 엿보고 있으며, 캐릭터 자신과 친구들이 우정, 사랑, 전우애로 죽음의 힘을 극복하지 않는다면 저주를 풀지 못할 것입니다.

캐릭터는 **부활**한 후, 아무런 행운 점수를 받지 못합니다. 대신 일행 전체는 그림자 점수 5점을 받습니다. 플레이어들은 그림자 점수 1점을 사용해서 판정에 자동 실패할 수 있습니다. 그림자 점수를 모두 사용하면, **부활**한 캐릭터는 원래대로 행운 점수를 받을 수 있습니다. 그림자 점수는 항상 플레이어들이 자발적으로 사용해야 합니다. 만약 그림자 점수를 모두 사용하기 전에 **부활**한 캐릭터가 새로운 레벨을 얻으면, 캐릭터는 곧바로 돌이킬 수 없는 영원한 죽음을 맞이합니다. 그러므로, **부활**한 캐릭터가 이 세계로 완전히 복귀할 수 있도록 일행 모두가 저주를 분담해야 합니다.

이 규칙은 플레이 중 오직 중요한 일에만 마스터가 주사위 굴림을 요청하는 경우를 가정합니다. 캐릭터에게 사소한 일을 시킨 다음 일부러 실패하는 방식은 공정하지 않습니다. 이 부분을 유념하세요. 마스터는 플레이어들이 그림자 점수를 사용할 때 거부권을 발휘할 수 있습니다. 오직 중요한 문제에만 그림자 점수를 사용하도록 신경 쓰세요.

어둠을 키우다

모든 행동에는 반작용이 따릅니다. 죽음에서 돌아온 (혹은 돌려보내진) 캐릭터는 이전보다 더욱 강해졌고, 새로운 사명감으로 불타오릅니다. 하지만 이와 같은 부자연스러운 사건 때문에, 이 세계에 존재하는 어둠의 힘은 더욱 강해지고 활기를 얻습니다.

부활한 캐릭터는 죽기 전보다 1레벨 더 높아질 수 있는 충분한 추가 경험치를 얻으며, 마스터가 선택한 새 마법 물품을 얻습니다. 하지만, 캠페인에 등장한 모든 위험요소는 위기 수치 2점을 높입니다. 돌아온 캐릭터는 선택받은 대로 어둠을 무찌를 수 있을까요?

위험요소의 탄생

두 번째 선택지와 비슷하지만, 이 선택지는 캐릭터가 **부활**한 탓에 이 세계에 새로운 위험을 부르는 결과를 초래합니다. **부활**한 캐릭터는 죽기 전과 같은 힘과 능력을 가지지만, 새로운 악이 세상에 나타났다는 불길한 전조와 함께 돌아옵니다.

마스터는 새로운 위험요소 묶음을 선택해서 현재 진행 중인 캠페인에 추가합니다. 이 위험요소를 기존의 캠페인에 덧붙이는 작업을 마무리한 다음, **부활**한 캐릭터에게 이 위험요소가 어디에 있는지, 어떤 계획을 세웠는지, 혹은 맞서 싸울 도구가 있는 장소가 어디에 있는지 등 위험요소에 관한 몇 가지 단서를 주세요. 최대한 캐릭터의 **부활**과 연결해서 이러한 단서를 만드세요. 어쩌면 캐릭터를 묻었던 곳, 또는 죽었던 곳이 이제는 새로운 위험요소와 어떤 식으로든 관련이 있을지도 모릅니다.

캐릭터 특성

울타리 너머, 또 다른 모험으로의 '핵심 규칙' 장에서 설명한 세 가지 클래스나 부록 항목의 판타지 종족, 다중 클래스 만으로는 모든 종류의 캐릭터를 표현할 수 없다고 생각할 수도 있습니다. 이번 장에서는 특성을 사용해 캐릭터를 좀 더 개성적으로 바꿀 방법을 소개합니다. 특성은 캐릭터가 가진 특수한 능력이나 보너스로, 때때로 무척 특이한 효과를 발생합니다.

특성을 사용하면 PC는 강해집니다. 각 캐릭터가 특성을 얼마나 많이 가질지는 테이블에서 결정할 사항이지만, 모든 캐릭터가 같은 수의 특성을 가지지 않으면 심각한 힘의 불균형이 발생할 것입니다. 또한, 캠페인에 따라 일부 특성은 다른 특성보다 더욱 효과적일 수도 있습니다. 언어학자 특성을 예로 들면, 일부 캠페인에서는 각종 언어로 쓰인 여러 가지 단서를 읽는 능력이 무척 중요한 비중을 차지하겠지만, 또 다른 캠페인에서는 언어의 중요성이 전혀 드러나지 않을 수도 있습니다.

마스터는 플레이어가 특성을 선택할 때 주의를 기울이세요. 플레이어가 선택한 특성은 그 플레이어가 어떤 종류의 이야기에 관심을 기울이는지를 알려주는 신호입니다. 그러므로 좋은 마스터는 언제나 캐릭터의 특성이 플레이에서 중요하게 사용되도록 신경을 씁니다.

여러분은 캐릭터들이 레벨을 올릴 때 새로운 특성을 주는 방식을 선택할 수도 있습니다. 플레이어들은 캠페인이 진행하는 동안 캐릭터들이 점점 변화하는 모습을 볼 수 있기 때문에 이 방식을 특히 좋아할 것입니다.

특성을 주는 한 가지 방법으로, 게임이 시작할 때 플레이어들에게 캐릭터의 특성 하나를 선택하게 하고 레벨이 오르면서 추가로 선택하게 하는 규칙이 있습니다. p.38의 '레벨 다시 보기' 항목을 참조하세요.

단편 플레이에서는 특성 규칙을 사용하지 않는 편을 권장합니다. 숨은 사교집단의 배후에 누가 있는지 알아내야 하는 데에 쓰는 플레이 시간을 한 번 사용하고 끝낼 캐릭터의 특성을 고르거나 새로 만드는 데에 낭비할 필요는 없습니다.

이름의 힘

오직 진실한 이름이 있는 사람만이 특성을 얻을 수 있습니다. 캐릭터가 이름을 받는 의식을 치를 때, 전 우주는 캐릭터를 주의 깊게 지켜봅니다. 캐릭터의 첫 번째 특성은 캐릭터 자신의 이름이 지닌 원초적인 힘을 반영합니다. 진실한 이름을 가지고 시작하기로 한 캐릭터는 누구든지 특성을 선택할 수 있습니다. 오직 PC와 특별한 NPC만이 특성을 가집니다.

테이블에서 특성 규칙을 사용할 때, 진실한 이름이 없는 캐릭터는 이후 **작명 의식** (p.58) 등으로 진실한 이름을 받은 다음 곧바로 첫 번째 특성을 가질 수 있습니다.

특성

다음은 다섯 가지 분류로 나눈 예시 특성 목록입니다. 반드시 여기 소개한 특성만 사용해야 할 필요는 없습니다. 마스터와 플레이어들은 캐릭터에게 적절한 특성을 새로 만들어도 좋습니다

일반 특성

나서지 않음

캐릭터는 주목을 피하는 데 비상한 재주를 지녔습니다. 무언가 사건이 벌어질 때 캐릭터가 눈에 띄지 않을 수 있는 상황이라면, 캐릭터는 행운 점수 1점을 사용해서 아무 판정 없이 저절로 숨을 수 있습니다.

등반 재능

울퉁불퉁한 바위 타기나 밧줄을 사용한 등반은 누구든지 간단하게 **민첩성** 판정으로 시도할 수 있습니다. 등반 재능을 갖춘 캐릭터는 비상한 등반 능력을 갖추고 있어서, 깎아지른 듯한 절벽 같은 표면도 아무 장비 없이 기어오를 수 있습니다. 캐릭터는 등반할 때 평상시대로 **민첩성** 판정을 해야 하지만, 다른 사람이라면 특수한 장비 없이는 오를 수 없는 표면이라도 등반을 시도할 수 있습니다.

불굴

이 특정이 있는 영웅들은 절대 포기할 줄 모르며, 어떠한 역경 앞에서도 맞서 싸웁니다. 캐릭터는 레벨마다 추가로 1점씩 HP를 얻으며, 캐릭터가 레벨이 오른 다음 불굴 특성을 선택해도 지금까지 얻은 레벨마다 추가로 1점씩 HP를 얻습니다.

빠른 치유
위대한 영웅이라면 부상 따위는 금방 떨치고 일어나는 법입니다. 캐릭터는 하룻밤 푹 쉴 때 평소에 회복하는 1HP 대신 2HP를 회복합니다.

순수한 마음
캐릭터는 친구와 동료들을 사랑하며, 결코 이들을 배반하지 않습니다. 캐릭터는 자신의 아군이나 자신의 인생에서 중요한 인물, 또는 다른 PC들을 해치게 만드는 어떠한 종류의 정신 조종에도 걸리지 않습니다.

언어학자
캐릭터는 언어 재능과 공부 덕분에, 알고 있는 언어 개수가 원래보다 두 배 늘어납니다.

위대한 용기
캐릭터는 비록 겁을 먹을 수는 있어도, 무섭다고 해서 절대 물러서지 않습니다. 캐릭터는 공포와 관련된 극복 판정이나 능력치 판정에 자동으로 성공합니다.

친근한 인상
캐릭터는 착한 성품과 정직해 보이는 얼굴 덕분에 낯선 사람의 신뢰를 더욱 쉽게 얻습니다. 캐릭터는 낯선 사람에게 굴리는 모든 **매력** 판정에 +2 보너스를 받습니다.

큰 도움
캐릭터가 행운 점수를 사용해서 아군의 판정을 돕는다면, 아군에게 +2 보너스를 추가로 더 줄 수 있습니다. 만약 행운 점수를 사용하지 않고 도우면 (예를 들어 기능으로 도우면) 추가 보너스를 줄 수 없습니다.

타고난 지도자
캐릭터는 옛날의 영웅들처럼 몸가짐과 태도만으로도 존경을 자아냅니다. 캐릭터가 행운 점수를 사용하면, 모든 일행은 다음 라운드 동안 모든 판정에 +2 보너스를 받습니다.

편안한 존재감
캐릭터는 주변 사람들에게 마치 집에 있는 것처럼 따뜻하고 편안한 분위기를 줍니다. 그러므로 모험이 완전히 끝난 후에 행운 점수를 회복할 수 있는 다른 사람들과 달리, 캐릭터와 일행은 안전한 여관처럼 보초를 세울 필요 없는 장소에서 하룻밤 푹 쉰다면 행운 점수를 1점씩 회복할 수 있습니다.

가치관 특성

균형의 수호자
이 특성은 오직 가치관이 중립인 캐릭터만 선택할 수 있습니다. 캐릭터는 질서와 혼돈의 영원한 투쟁에서 벗어나 있기 때문에, 천사나 악마 같은 질서, 또는 혼돈의 초자연적 존재가 가진 마법적인 힘에 저항하는 모든 극복 판정에 +4 보너스를 받습니다.

변화의 의지
이 특성은 오직 가치관이 혼돈인 캐릭터만 선택할 수 있습니다. 캐릭터는 질서의 존재가 견디지 못하는 강력한 변화와 자유의 기운을 발산합니다. 마을의 경비병은 특별히 영향을 받지 않겠지만, 천사나 특정 영처럼 초자연적인 질서의 존재들은 주문 극복 판정을 해서 실패하면 다음 동이 틀 때까지 캐릭터 근처에서 사라져야 합니다. 극복 판정에 성공한 상대는 더는 캐릭터의 기운에 쫓겨나지 않습니다.

혼돈을 부수는 자
이 특성은 오직 가치관이 질서인 캐릭터만 선택할 수 있습니다. 캐릭터의 손길은 악마나 특정한 영, 언데드 같은 초자연적인 혼돈의 존재에게는 끔찍한 저주나 다름없습니다. 만약 캐릭터가 이러한 상대를 붙잡고 1분 동안 집중할 수 있다면, 상대는 완전히 파괴됩니다. 하지만 매우 조심하세요. 분명 순순히 받아들일 리가 없을 테니까요.

전투 특성

강력한 사격
캐릭터는 믿을 수 없을 정도로 활을 멀리 쏠 수 있습니다. 캐릭터는 어떠한 사격 무기로 사격을 하든, 사정거리에 100야드(90m)를 더합니다.

날렵한 전투
훈련의 성과 또는 타고난 자질 덕분에, 캐릭터는 근접 무기 공격 판정에 **근력** 보너스 대신 **민첩성** 보너스를 더합니다. 피해 보너스는 영향받지 않는다는 점을 알아두세요.

맨손 전투
캐릭터는 빈손일 때도 무척 위험합니다. 캐릭터는 맨손 전투로 1d4점 피해를 줍니다.

숙적
캐릭터는 고블린이나 마법사, 혹은 경쟁 가문의 일원처럼 특정 종류의 적에게 원한을 품고 있습니다. 이런 적을 마주쳤을 때, 캐릭터는 상대의 마법이나 특수 능력에 저항하는 판정에 +2 보너스를 받으며, 상대를 공격할 때 피해 2점을 추가로 줍니다.

전투의 달인
캐릭터의 무기 실력은 타의 추종을 불허합니다. 적 중에서 가장 강한 상대의 체력 주사위보다 캐릭터의 레벨이 두 배 이상 높을 경우, 캐릭터는 매 라운드 한 번씩 더 공격할 수 있습니다.

현란한 전투
캐릭터는 상대의 눈을 혼란하게 하는 화려한 전투 방식으로 적을 어지럽힙니다. 캐릭터는 **장갑** 수치에 **민첩성** 대신 **매력** 보너스를 추가합니다.

주문 특성

강력한 마법
캐릭터의 마법은 유독 강력합니다. 캐릭터가 사용한 마법에 극복 판정을 하는 상대는 -2 페널티를 받습니다.

마법의 흔적
이 특성이 있는 캐릭터는 제대로 훈련을 받지 못한 마법 재능을 갖추었거나, 아주 조금만 마법을 배운 다음 더는 수련을 쌓지 않았습니다. 캐릭터는 캔트립이나 주술, 또는 1레벨 의식 중 하나를 한 가지 사용할 수 있습니다. 이 특성은 마법사에게는 아무 쓸모도 없지만, 마법을 쓸 수 있는 다중 클래스에게는 도움이 될지도 모릅니다.

전쟁 마법사
캐릭터는 전투 훈련과 연습을 통해 마법의 파괴적인 힘을 효과적으로 활용할 수 있는 방법을 터득했습니다. 캐릭터는 직접 피해를 주는 주술과 의식을 사용할 때 캐릭터 레벨마다 1점의 추가 피해를 더합니다.

주문 숙련
수많은 연습 끝에, 캐릭터는 특정한 마법을 능숙하게 사용할 수 있습니다. 캐릭터가 아는 의식 두 가지를 선택하세요. 캐릭터는 해당 의식을 판정할 때 +2 보너스를 받습니다

초자연적 특성

기이한 동반자
캐릭터에게는 영혼 친구나 유령 수호자, 충성스러운 마법의 동물처럼 특이한 동료가 있습니다. 이 동료는 마법사의 패밀리어와 같은 역할을 합니다.

맹세지킴이
캐릭터가 다른 이의 맹세를 목격하거나 스스로 맹세를 했을 때, 맹세를 입에 올린 자는 운명의 속박을 받습니다. 캐릭터 자신을 포함해 누구든 캐릭터 앞에서 맹세를 하면 반드시 자신의 말을 지켜야 합니다. 맹세를 깬 자는 다시 자신의 맹세를 지키려 노력할 때까지 HP와 행운 점수를 회복할 수 없습니다.

변신
저주 때문이든, 마법 때문이든, 혹은 특이한 혈통 때문이든, 캐릭터는 작고 평범한 동물로 변신하는 능력을 가졌습니다. 어떤 동물로 변신할지는 이 특성을 얻을 때 선택해야 합니다. 캐릭터는 행운 점수를 사용해 동물로 변신할 수 있습니다. 동물 상태에서 인간으로 되돌아오려면 다시 행운 점수를 사용하거나, 다음 동이 틀 때 변신이 자동으로 풀리기를 기다려야 합니다.

영의 친구
어떠한 이유이든 간에, 영들은 선천적으로 캐릭터를 좋아하거나 캐릭터의 말을 잘 따릅니다. 어쩌면 영들이 육체를 지닌 다른 사람들보다 캐릭터를 더욱 생생하게 느끼는 것일지도 모르고, 혹은 캐릭터가 일종의 신비한 혈통을 지녔을지도 모릅니다. 캐릭터는 실체가 없는 영들을 상대로 사회적인 판정을 할 때, 그리고 영들을 소환하고 속박할 때 +2 보너스를 받습니다.

왕의 손길
캐릭터는 병들고 다친 이에게 손을 대어 치유하는 능력을 가졌습니다. 하루에 한 번 캐릭터는 다른 사람에게 손을 대어 환자의 레벨 당 HP 2점씩 치료할 수 있습니다.

요정의 혈통
가끔 다른 종족과 은밀한 사랑을 나누는 인간도 있습니다. 캐릭터의 선조가 바로 그런 사람입니다. 캐릭터는 ***울타리 너머, 또 다른 모험으로*** p.30-31에 나오는 판타지 종족 중 하나의 장점 하나를 갖습니다. 테이블에 따라서, 요정 외의 혈통에서 받는 다른 능력을 허용할 수도 있습니다.

통찰력
캐릭터는 다른 이들의 영혼을 들여다보는 두려운 능력을 가졌습니다. 캐릭터가 진실한 이름을 가진 비중 있는 존재과 처음 만났을 때, 행운 점수를 사용하면 12분의 1 확률로 그날 밤 꿈에서 상대의 진실한 이름이 나타납니다.

특성과 플레이북

마스터의 허락과 다른 플레이어들의 동의가 있다면, 캐릭터는 몇 가지 예외를 제외하고 (전사나 도적이 "전쟁 마법사" 특성을 얻을 이유는 없습니다) 어떠한 특성이든 자유롭게 얻을 수 있습니다. 하지만, 일부 특성은 분명히 특정 캐릭터에게 더욱 어울립니다. 특성 목록을 하나하나 검토하고 싶지 않다면, 플레이북에 기초한 다음의 추천 특성을 보고 둘 중 하나를 선택하세요.

마을 주민

사육사 조수 - 왕의 손길, 나서지 않음
경건한 예비 사제 - 맹세지킴이, 불굴
요정 업둥이 - 요정의 혈통, 변신
전설의 후계자 - 빠른 치유, 위대한 용기
몰락한 가문의 마지막 자손 - 타고난 지도자, 불굴
지역 공연가 - 현란한 전투, 마법의 흔적
뉘우친 불량배 - 순수한 마음, 맨손 전투
초임 파수꾼 - 위대한 용기, 큰 도움
독학 마법사 - 언어학자, 전쟁 마법사
풋내기 도적 - 현란한 전투, 등반 재능
마을의 영웅 - 친근한 인상, 맨손 전투
마녀의 제자 - 강력한 마법, 불굴
기사 지망생 - 숙적, 순수한 마음
젊은 숲사람 - 대단한 사격, 나서지 않음

귀족

수습 궁정 요술사 - 친근한 인상, 강력한 마법
홀대받는 자식 - 불굴, 나서지 않음
미래의 장군 - 위대한 용기, 타고난 지도자
재능 많은 취미꾼 - 현란한 전투, 영의 친구
기사 없는 종자 - 숙적, 큰 도움
귀족의 말괄량이 딸 - 날렵한 전투, 위대한 용기
수련 성전 기사 - 왕의 손길, 기이한 동반자

판타지 종족

드워프 모험가 - 위대한 용기, 불굴
드워프 룬 주술사 - 언어학자, 맹세지킴이
엘프 마도사 - 언어학자, 강력한 마법
엘프 귀족 - 날렵한 전투, 마법의 흔적
엘프 레인저 - 숙적, 대단한 사격
노움 대부모 - 순수한 마음, 큰 도움
하플링 순찰대원 - 날렵한 전투, 편안한 존재감
하플링 방랑자 - 순수한 마음, 나서지 않음

연장자

던전 탐사자 - 등반 재능, 언어학자
드워프 스승 - 편안한 존재감, 맨손 전투
결사단 마법사 - 통찰력, 주문 숙련
땅 없는 귀족 - 숙적, 불굴
박식한 교사 - 언어학자, 마법의 흔적
은둔 마법사 - 강력한 마법, 전쟁 마법사
은퇴한 참전용사 - 전투의 달인, 타고난 지도자

경험치 다시 보기

울타리 너머, 또 다른 모험으로의 캐릭터는 전통적인 방식으로 경험치를 받고, 레벨을 올립니다. 하지만 여러분의 캠페인에서는 다른 방법을 쓸 수도 있습니다. 이번 장은 경험치를 받는 몇 가지 새로운 방식과 레벨을 올리면서 받을 수 있는 추가 이점을 소개합니다.

여러분의 캠페인은 캐릭터가 경험치를 받고 레벨을 올리는 방식에 맞춰 진행될 것입니다. 그러므로 결정하기 전에 플레이어들과 논의를 하세요. 일반적인 게임에서는 캐릭터들이 적과 괴물을 무찌를 때, 그리고 영리한 아이디어를 제시하고 인상적인 롤플레이를 할 때 얼마간의 경험치를 받으며, 임무를 완수하고 목표를 성취하면 좀 더 많은 경험치를 받습니다. 여러분은 다음에 소개하는 경험치 습득 방식 중 일부를, 또는 모두를 사용할 수 있습니다.

장소

샌드박스 캠페인은 장소를 탐사하고, 비밀을 밝혀내며, 지도 위의 위험한 적을 제거하는 플레이가 중심이 됩니다. 이 방법을 사용한다면 캐릭터들은 소규모 장소나 주요 장소에서 난관을 극복할 때 경험치를 받습니다. 이 방법은 캐릭터들이 임무를 완료할 때 경험치를 받는 방식과 매우 유사합니다. 어떤 의미에서는 장소의 공략 자체가 캐릭터들에게 기본적인 임무가 되는 셈입니다.

하지만 해당 장소를 "공략"한다는 의미가 무엇인지 명확하게 정의하기는 어렵기 때문에, 마스터는 이런 문제를 판단할 준비가 되어 있어야 합니다. 어떤 소규모 장소는 아예 공략할 수 없을 것입니다. 손님들을 따스하게 맞이하는 교차로의 여관을 어떻게 공략할 수 있나요? 반대로, 귀신들린 지하무덤은 좀 더 기준이 명확합니다. 캐릭터들이 이런 장소를 탐사해서 위험을 제거하거나 무언가 중요한 물건을 되찾아온다면 경험치 250~500점 정도의 가치가 있습니다. 소규모 장소를 공략해서 받을 수 있는 경험치는 아무리 많아도 1,000점이 한계입니다. 그것도 매우 위험한 상황을 겪고 나서야 받을 수 있는 점수일 것입니다.

그러므로, 주요 장소는 캠페인에서 훨씬 큰 비중을 차지하게 됩니다. 몇 번의 세션을 거치고 나서야 탐험을 끝낼 수 있는 커다란 던전은 경험치 2,000~3,000점 정도의 가치가 있습니다. 만약 던전이 유독 더 크고 위험하다면 경험치도 늘어납니다. 도시 같은 다른 주요 장소는 여러 임무를 수행하는 현장이 됩니다. 한 번의 세션으로 어느 시민의 딸을 사교집단으로부터 구한다면 경험치 500점 정도의 가치가 있을 것입니다. 만약 임무가 길어져서 두세 세션 정도가 들었다면 1,000점 정도를 받아야 할 것입니다.

장소 공략 경험치는 캐릭터들이 그 장소에서 적을 무찌르고, 덫과 다른 장애물을 돌파하고, 영리한 롤플레이를 해서 받는 경험치에 덧붙여 받는 보상입니다.

어떤 경우에도 캐릭터들이 반드시 해당 장소를 "완벽하게 청소할" 필요는 없습니다. 방 하나하나를 샅샅이 뒤져서 던전 안에 있는 오크를 남김없이 죽이려는 캐릭터는 없을 것입니다. 이 경험치는 탐험과 개인 목표의 완수, 그리고 이 땅을 보호한 대가로 받는 포상입니다.

보물

보물을 획득해서 받는 경험치는 RPG에서 오래전부터 내려오는 방식으로, 언뜻 보기에는 이상하게 느껴질 수도 있습니다. 어떻게 금을 발견했다고 캐릭터의 HP가 더 늘어날 수 있을까요? 하지만, 경험치의 본질이 무엇인지, 그리고 경험치가 어떻게 캐릭터들의 행동을 유발하는지 생각해본다면, 보물로 경험치를 받는다는 것이 어떤 의미인지 이해할 수 있습니다.

저희는 캐릭터들이 ***울타리 너머***에서 지향하는 영웅이 될 수 있도록, 캐릭터들이 보물 획득에 따른 경험치를 받더라도 오직 자신에게 실제 이득이 없는 방법으로 사용할 때 경험치를 받는 방식을 권장합니다. 이러한 방식은 갖가지 재미있는 행동을 이끌어낼 수 있습니다. 캐릭터들은 우선 검에 금장식을 하거나 값비싼 비단 망토를 입는 등 자신의 부를 과시하는 방법으로 보물을 사용하기 시작할 것입니다. 여러 판타지물의 영웅들 역시 이러한 모습을 보여주곤 합니다. 캐릭터가 더 좋은 갑옷을 산다면 더 좋은 **장갑** 보너스를 받기 때문에 경험치를 받을 수 없지만, 그저 마음에 들어서 산 좋은 옷은 경험치를 받을 수 있습니다. 독실한 캐릭터가 사원에 돈을 바친 돈이나, 고상한 취미를 가진 캐릭터가 산 예술품 역시 경험치로 간주합니다.

"낭비"한 보물로 받을 수 있는 일반적인 기준은 은화 1냥당 경험치 1점입니다. 물론 반드시 동전으로만 사용할 필요는 없습니다. 은화 300냥짜리 예쁜 꽃병을 선물로 주었다면 경험치 300점을 받습니다.

낭비한 보물로 경험치를 받는 방식은 ***울타리 너머***에서 지향하는 장르의 분위기를 한층 더 강화하는 효과도 있습니다. 영웅들은 실수도 저지르고 잘못하는 일도 있겠지만, 결국에는 올바르고 정직한 사람이어야 합니다. 영웅들은 자신을 위해 돈을 흥청망청 쓰는 것만큼이나 마을 사람들을 위해서 잔치를 벌일 수도 있습니다. 어쩌면 난민들을 위한 안식처를 지어주거나, 거리의 부랑자들에게 자선을 베푸는 방식으로 보물을 쓸지도 모릅니다. 캐릭터들은 이런 방식으로 보물을 쓰면서 점점 더 위대한 영웅이 될 수 있습니다.

이 방식을 사용할 때, 마스터는 반드시 캐릭터가 낭비한 보물이 실제로 캐릭터에게 아무런 이득으로 돌아가지 않는지 엄격하게 판단해야 합니다. 궁핍한 사람들을 위해 돈을 기부한 캐릭터가 다음 세션에서 그 대가로 영향력 판정에 보너스를 기대한다면, 이 기부는 명백하게 경험치 규칙에 어긋납니다. 마찬가지로 마법사가 자신의 부를 과시하기 위해 돈을 들여 값비싼 정원을 만든 다음, 이 정원에서 주문에 필요한 재료나 약초를 채취한다면 경험치를 받아서는 안 됩니다. 이 정원은 예쁜 꽃으로 가득 차서 그저 게임을 좀 더 화사하게 만드는 용도 외에 아무런 쓸모가 없거나, 명백하게 캐릭터에게 이득을 주는 대신 경험치 대상이 되어서는 안 됩니다.

보금자리 만들기

앞의 방식을 바탕으로, 캐릭터들이 집과 고향을 위해 보물을 사용했을 때만 경험치를 받는다면 플레이어들은 무척 보람을 느낄 것입니다. 이 방식은 캐릭터들이 고향을 위해 보물을 투자하고, 가족과 친구들에게 관심을 기울이도록 독려합니다.

앞의 방식과는 다르게, 집을 위해 쓴 보물은 반드시 "낭비"될 필요가 없습니다. 비록 캐릭터들이 얻는 혜택은 모호할 수 있지만 말입니다. 예를 들어, 캐릭터는 가족들을 위해 새집을 지어주거나, 마을 주변에 나무 방책을 두르기 위한 물자를 사고 인력을 고용하거나, 자신의 마녀 오두막을 꾸미고 양 떼를 사는데 돈을 투자할 수 있습니다. 이런 식으로 고향 마을에 쏟는 노력에 경험치로 보답한다면 캐릭터들은 고향에 더욱 애착을 느끼며, 플레이어들 역시 무척 만족할 수 있습니다.

일부 판타지 RPG에서는 캐릭터들이 지역의 영주가 되고, 군대를 기르고, 영토를 관리하는 규칙을 소개합니다. 이런 방식의 경험치 규칙은 캐릭터들이 고향 주변에서 활동하도록 장려할 수 있습니다. 10레벨 전사는 아마도 마을 근처에 자신의 요새를 지어서 마을을 보호할 것이며, 마법사는 근처 언덕에 거대한 탑이 세워질 토대를 놓기 시작했을 것입니다.

특히 Autarch Press에서 만든 RPG인 《Adventurer Conqueror King System》은 세세하고 재미있는 영지 관리 규칙을 소개합니다. ***울타리 너머, 또 다른 모험으로***에서도 이 책에 나오는 규칙을 그대로 호환해서 사용할 수 있습니다. 몇몇 간단한 건물과 방어 시설의 가격은 p.43에 있습니다. 여기에 나온 가격을 보면 방어 시설의 가격은 엄청나게 비싸며, 아무리 긴 캠페인에서도 이를 지을 돈을 구하기는 어렵다는 사실을 알 수 있습니다. 저희는 영웅들이 자신들을 도와줄 후원자를 찾거나, 직접 군주가 되어 백성들의 도움을 받아 새로운 성과 요새를 지을 것이라고 가정합니다.

영웅적인 성장

울타리 너머는 마을의 꼬마들이 자라서 정의로운 일을 하는 RPG입니다. 그러므로 캐릭터들이 나이를 먹으면서 세상을 배우고, 자비롭고 영웅적인 일을 할 때마다 경험치를 받는다면 그만큼 값진 보상은 없을 것입니다.

이 방식을 사용한다면, 마스터는 캐릭터가 중요한 인생의 이정표를 지나거나 무척 놀라운 업적을 세웠을 때 큰 경험

치를 줍니다. 대부분의 경우는 500점 정도가 적당하고, 특히 영웅적인 행동을 했다면 좀 더 받을 수 있습니다.

이정표는 단순히 고블린을 베는 것만으로 얻을 수 없는 중요한 성장과 깨달음의 계기가 되는 사건입니다. 이정표는 젊은 영웅들이 진정으로 성숙해지는 순간이며, 이 순간은 플레이어들 모두 분명히 알 수 있습니다. 이정표를 경험치로 적용하기 시작하면 플레이어들은 캐릭터들을 위해 이정표가 될 사건을 찾아 나서기 시작할 것입니다. 이러한 여정은 게임을 더더욱 캐릭터들의 성장 이야기로 만듭니다. 이정표가 될 만한 사건은 보통 첫 경험에서만 경험치를 얻을 가치가 있습니다. 다음은 이정표의 예시입니다.

- 사랑하는 이의 죽음을 슬퍼하기
- 처음 대규모 전투에 참전해서 싸우기
- 결혼하기
- 새로운 가정을 꾸리기
- 기사 작위를 받기
- 마법 결사에 가입하기
- 자신의 대장간을 시작하기
- 낯선 사람이 캐릭터 자신의 전설을 노래하는 모습을 보기
- 자신의 마법 실험실을 설립하기
- 학교, 또는 대학교에서 졸업하기
- 사원을 세우기

이정표 경험치와 마찬가지로, 영웅적 업적으로 받는 경험치 역시 게임의 장르를 좀 더 명확하게 만듭니다. 캐릭터가 유난히 용감하거나 자기희생적인 행위를 했다면, 경험치 500점을 받아야 할 것입니다. 방앗간 주인의 손자를 구하려고 마을 거리를 질주하는 기병대 앞으로 뛰어들거나, 병든 어르신이나 스승을 위해 스스로 큰 대가를 치르고 강력한 의식을 행하거나, 개인적인 욕구나 목표를 포기하고 필요한 순간 마을에서 일했다면 그만한 보상을 받을 가치가 있습니다. 단순한 모험은 용감한 일이기는 하지만, 이만한 보상을 받을 만큼 가치가 있지는 않습니다.

간편한 경험치 규칙

어떤 사람들은 일일이 경험치를 계산하기 싫어할 수도 있습니다. 이런 테이블에서는 아예 경험치를 기록하지 않고, 그냥 마스터의 허락 아래 적당하다고 생각되는 때에 캐릭터의 레벨을 올리는 편을 선호합니다.

위 방식은 충분히 실행 가능한 규칙이기는 하지만, ***울타리 너머***에서는 클래스 사이의 균형을 맞추기 위해서 레벨 성장 속도를 다르게 했기 때문에 문제가 될 수 있습니다. 그러므로, 저희는 대신 세션이 끝날 때마다 미리 정한 일정량의 경험치를 받는 방식을 권장합니다. 만약 플레이어들이 무척 인상 깊은 롤플레잉을 했거나, 중요한 목표를 달성했다면 소량의 경험치를 좀 더 받을 수도 있습니다.

한 가지 간편한 방법으로, 세션이 끝날 때마다 캐릭터들은 경험치 750점을 받으며 (도적 캐릭터가 2레벨이 되는 경험치의 절반입니다), 플레이 동안 인상 깊은 롤플레잉을 하거나 영리한 아이디어를 내놓으면 추가로 50점에서 200점의 경험치를 더 받는 방법이 있습니다. 이 방법을 사용하면 경험치를 계산하는 수고가 크게 줄어듭니다.

마스터가 책임지기

울타리 너머는 보통 마스터 혼자서 책임지기보다는 플레이어들도 함께 중요한 결정을 내리는 편을 권장합니다. 모두가 즐기는 게임이니까요. 하지만, 경험치를 주는 책임은 오직 마스터만 가지는 것이 가장 좋습니다. 때때로 플레이어들은 캐릭터가 성장해서 추가 HP를 얻는 것에 너무 집중한 나머지 자신도 모르게 비이성적으로 행동할 수 있으니까요. 그렇기는 해도, 다른 결정과 마찬가지로 경험치 역시 플레이어들과 의견을 나누면 좋습니다. 캐릭터들이 대략 얼마나 빨리 레벨을 올리기를 원하는지 캠페인을 시작하기 전 플레이어들과 이야기하세요.

레벨 다시 보기

캐릭터가 레벨을 올리면서 능력치를 올리는 방식은 ***울타리 너머, 또 다른 모험으로***에서 이미 언급했습니다. 그리고 이 책의 지난 장에서는 캐릭터가 레벨을 올리면서 얻을 수 있는 특별한 특성을 소개했습니다. 이 둘 중 어느 한쪽 방식을 사용하더라도 캐릭터의 강함에는 큰 변화가 생깁니다. 일부 테이블에서는 캐릭터들이 좀 더 강해지기를 바랄 것이고, 또 다른 테이블에서는 바라지 않을 수도 있습니다. 그러므로 결정은 여러분에게 맡기겠습니다.

하지만 저희가 사용하는 간단한 레벨 상승 규칙을 한 가지 소개하겠습니다. 여느 장기 캠페인에서도 사용하기 적합할 것입니다.

플레이어들은 캐릭터를 처음 만들 때 특성을 하나씩 선택합니다. 이 특성은 캐릭터가 지난 장에서 논의한 대로 진실한 이름을 가졌다는 가정 아래 받습니다. 캐릭터는 레벨을 올릴 때 클래스에 설명된 혜택뿐만 아니라 때때로 능력치와 새 특성도 받습니다.

캐릭터는 3레벨과 7레벨이 될 때 서로 다른 능력치 두 개를 선택해서 각각 1씩 늘립니다. 증가한 능력치 덕분에 관

련 능력치 보너스가 오른다면, 해당 보너스로 받는 이득은 모두 1레벨 때부터 받는 것처럼 소급 적용합니다. 보통은 **건강** 보너스가 오르면서 이 이득을 받는데, 이 경우 캐릭터는 이전 레벨에서 받아야 할 추가 HP를 모두 받습니다. **지능** 보너스가 증가한 캐릭터는 테이블에서 가장 적당하다고 생각할 때 추가 언어를 배울 수 있습니다.

*예: 귀족의 말괄량이 딸 안나는 7레벨이 되어서 **건강**과 카리스마를 1씩 늘립니다. 안나의 **건강**은 12에서 13으로 바뀌었기 때문에 이전에 받지 못했던 +1 **건강** 보너스를 받습니다. 안나는 1레벨 때부터 지금까지 추가 HP를 받은 것으로 간주하고 그 즉시 7HP를 받습니다.*

5레벨과 9레벨이 되면 캐릭터는 특성을 하나 추가로 받습니다. 하지만 요정의 혈통 같은 특성은 아마 캠페인 중간에 얻을 수 없을 것입니다.

예: 안나는 9레벨이 되어 새로운 특성을 받습니다. 안나는 교육을 잘 받았고 교섭 훈련도 쌓았기 때문에 게임을 시작할 때 언어학자 특성을 가지고 시작했습니다. 5레벨이 될 때는 다른 친구들이 도망치거나 쓰러지는 동안 위험한 유령에 맞섰기 때문에 위대한 용기를 증명했습니다. 이제 안나는 캠페인에서 무척 중요한 인물로 성장했고, 서부의 사악한 왕에 맞서기 위해 소규모의 병력을 모았습니다. 안나의 플레이어는 타고난 지도자를 얻기로 선택했습니다.

10레벨 너머

어쩌면 캠페인에서 캐릭터들은 10레벨 너머로 성장할지도 모릅니다. 그런 캐릭터로 플레이하기 전에 신중하게 생각하세요. 10레벨 캐릭터들은 이미 여러 판타지 작품에서 나올 법한 강력한 영웅들입니다. 이들은 강력한 적의 군세에 정면으로 맞설 수도 있고, 털끝 하나 다치지 않은 채로 남몰래 위험한 장소를 넘나들 수도 있으며, 죽은 자를 마법으로 **부활**시킬 수도 있습니다. 그 이상으로 캐릭터들이 할 만한 일은 그다지 많지 않습니다.

만약 여러분의 캐릭터를 10레벨 너머에서도 플레이하고 싶다면, 각 클래스 표를 보고 필요 경험치와 기본 공격, 극복 판정이 어떻게 성장할 것인지 추정하세요. 다른 판타지 RPG에서는 여러분의 캠페인에서 차용할 수도 있는 10레벨 너머 캐릭터들을 위한 재미있는 규칙이 몇 가지 있습니다.

울타리 너머에서 10레벨 너머의 의식은 없지만, 마법사는 하루에 쓸 수 있는 주술을 레벨만큼 계속 늘릴 수 있습니다. 전사는 계속 재주를 배울 수 있으며, 도적은 새로운 기능을 배우거나 기존 기능을 향상할 수 있습니다. 만약 10레벨 이후부터 HP의 증가 속도를 늦추고 싶다면, 매 레벨마다 1+**건강** 보너스만큼 HP를 올리세요.

새로운 기능 배우기

일반적인 상황에서는 오직 도적만이 레벨을 올리면서 새로운 기능을 배울 수 있습니다. 하지만 다른 캐릭터들이 게임 속에서 기능을 수련하는 데 시간을 할애했다면, 이들 역시 레벨이 오르면서 기능을 새로 배울 수도 있을 것입니다.

테이블 참가자들의 선택에 따라, 어느 캐릭터든 3레벨과 7레벨 때 능력치를 올리거나 5레벨과 9레벨 때 새로운 특성을 선택하는 대신 새로운 기능을 배울 수 있습니다. 물론 새로운 기능 대신 이미 아는 기능을 좀 더 향상해서 기능 보너스를 +2에서 +4로 올릴 수도 있습니다.

괴물로 받는 경험치

캐릭터들이 괴물이나 다른 적을 무찔러서 받는 경험치는 ***울타리 너머***에서 큰 비중을 차지하지 않습니다. 오히려 장소를 탐험하고, 영웅적인 행동을 하면서, 임무를 완수해 받는 경험치가 훨씬 많을 것입니다. 그렇지만, 캐릭터들이 전투에서 적을 마주칠 일은 빈번하게 발생합니다. 그러므로 마스터는 위험한 전투를 치른 캐릭터들에게 마땅한 경험치를 어떻게 주어야 할지 고려해야 합니다.

울타리 너머, 또 다른 모험으로에 나오는 모든 괴물은 PC들에게 대략 얼마나 큰 위협이 되는지를 기준으로 경험치가 정해져 있습니다. 적과 괴물을 무찌른 캐릭터들은 해당 경험치를 각자 받습니다. (하지만 어떤 게임마스터는 괴물의 경험치를 일행 수대로 나누는 편을 선호할 수도 있습니다. 특히 PC와 동료들의 수가 많을 때는 말입니다) 경험치를 받기 위해 반드시 괴물을 죽일 필요는 없다는 점을 명심하세요. 사실, 적을 물리칠 수 있는 다른 방법을 찾는 편이 보통 더 현명하며, 대부분의 경우 더 영웅적인 행동입니다.

예를 들어, 말을 할 줄 아는 괴물 곰들이 마을 사람들을 괴롭히고, 근처 숲을 지나는 사람들에게 큰 위협을 가한다고 합시다. 물론 영웅들은 위험한 전투 외에는 다른 방법이 없다고 생각할지도 모릅니다. 하지만 어쩌면 말이 통할 수도 있습니다. 캐릭터들이 곰들과 타협을 해서 마을과 곰 사이에 합의를 끌어낸다면, 전투로 승리할 때와 마찬가지로 경험치를 받을 수 있습니다. 물론 단순히 곰을 피해 잘 도망친다고 해서 경험치를 받을 수 없습니다. PC가 괴물을 이긴 것으로 간주하려면, 반드시 괴물 때문에 생긴 문제를 해결해야 합니다.

경험치 배정하기

만약 여러분이 마스터로서 직접 괴물을 만들고 싶다면 (적극적으로 권장합니다), ***울타리 너머, 또 다른 모험으로*** '괴물도감' 장에서 나온 괴물과 같은 기준으로 경험치를 정해야 합니다. 이를 위해서는 다음 페이지의 표를 참조하여 적절한 점수를 정하세요.

먼저, 괴물의 기본 체력 주사위를 고려하세요. 체력 주사위는 괴물이 얼마나 강하며 위험한지를 나타내는 가장 근본적인 수치입니다. 체력 주사위의 개수는 해당 괴물의 '기본' 경험치 수준을 정합니다.

그다음, 괴물의 HP를 계산하세요. 기존 괴물들과 마찬가지로 직접 주사위를 굴리거나 간단하게 체력 주사위의 평균으로 정할 수 있습니다. 괴물은 기본 체력 주사위에 따라 HP 1점마다 아래 표처럼 경험치가 늘어납니다.

마지막으로, 괴물이 가진 특수 능력이나 비범한 능력을 고려하세요. 특수 능력은 추가 공격이나 간단한 마법, 또는 그냥 피해를 많이 주는 능력 등을 나타냅니다. 비범한 능력은 매우 강력한 마법이나 적의 비마법적인 공격에 영향받지 않는 능력처럼 정말로 드물고도 위험한 능력입니다. 매우 위험한 괴물은 특수 능력이나 비범한 능력이 하나 이상 있습니다. 괴물은 체력 주사위에 따라 능력마다 아래 표처럼 경험치가 늘어납니다.

마스터 여러분은 괴물에게 특수 능력과 비범한 능력을 배정하면서 마음껏 재량을 발휘하세요. 어떤 괴물은 분위기상 한 두 가지 능력을 가질 뿐, 경험치가 늘어날 가치는 없을지도 모릅니다. 또 어떤 때는 괴물이 가진 능력이 특수 능력인지, 아니면 비범한 능력인지 판단하기 모호할 수도 있습니다. 너무 엄격하게 따질 필요는 없습니다. 특정한 적이 경험치가 좀 더 많거나 적다고 해서 캠페인이 망가질 염려는 없으니까요.

어떤 괴물은 요정이 철에 취약한 것처럼 특정한 약점을 가질 수도 있습니다. 이런 괴물의 경험치를 계산할 때는 이러한 약점을 그냥 무시할 수도 있고, 괴물이 특수 능력을 하나 덜 가진 것처럼 (절대 비범한 능력으로 계산하지는 않습니다) 간주할 수도 있습니다.

괴물의 경험치 산정이 끝나면, 한번 훑어본 다음 다른 유사한 괴물과 비교하세요. 반드시 정확하게 비교할 필요는 없습니다. 적당히 비슷하게만 맞추면 충분합니다. 경험치를 조금 올리거나 낮춘다고 해서 무언가 크게 잘못되지는 않습니다. 잡다한 계산을 줄이기 위해 괴물의 경험치를 5의 배수나 50의 배수, 또는 100의 배수를 기준으로 반올림할 수도 있습니다.

예: 마스터인 로리는 마을 바깥에서 살면서 사람들을 벌벌 떨게 하는 교활한 식인 마귀할멈을 만들려고 합니다. 로리는 우선 괴물의 수치를 간단하게 정한 다음, 경험치를 배정하기 시작합니다.

마귀할멈은 체력 주사위가 6d8이므로, 상당히 위험한 괴물입니다. 마귀할멈의 기본 경험치는 160점이며, HP 당 6점씩 늘어납니다. 로리는 마귀할멈의 HP를 주사위로 굴리기보다는 평균값인 27로 정하기로 했습니다. 즉, 마귀할멈의 현재 경험치는 160+27x6=322점입니다.

마귀할멈은 두 가지 재미있는 능력을 가졌습니다: 마귀할멈에게서 나는 악취는 끔찍하기 때문에, 모든 상대는 마귀할멈을 근접 공격할 때 -2 페널티를 받습니다. 또한 마귀할멈은 하루에 한 번 ***거짓 친구****를 사용할 수 있습니다. 로리는 이 두 능력이 비범한 능력이라고 할 만큼 강하지는 않다고 생각해서 둘 다 특수 능력이라고 정합니다. 체력 주사위가 6인 괴물이 가진 특수 능력은 각각 경험치 70점 어치이므로, 마귀할멈의 현재 경험치는 462점입니다. 로리는 체력 주사위가 6인 다른 괴물들과 마귀할멈의 수치를 비교한 다음, 이 정도면 괜찮다고 생각합니다. 하지만 462점은 기억하기 귀찮은 숫자입니다. 마귀할멈은 무척 위험한 괴물이기 때문에, 로리는 마귀할멈의 경험치를 475점으로 올립니다.*

마귀할멈

마귀할멈은 한때 인간 여성이었지만, 어둠의 마법이나 강력한 저주 때문에 자신이 살았던 마을에 끝없는 고통을 안기는 괴물이 되었습니다. 마귀할멈은 숲속의 무척 예쁜 오두막에 살면서 자신의 끔찍한 외모와 악취에도 불구하고 특수한 능력을 사용해 부주의한 사람들을 집으로 끌어들입니다

체력 주사위: 6d8 (27 HP)
장갑: 16
공격: 명중 +5, 피해 1d6+1 (물고 할퀴기)
가치관: 혼돈
경험치: 475
참고: *끔찍한 악취* (마귀할멈을 근접 공격하는 모든 상대는 명중에 -2 페널티를 받습니다), *매혹* (마귀할멈은 하루에 한 번 **거짓 친구** 주술을 사용합니다)

괴물의 체력 주사위	기본 경험치	HP 당 경험치	특수 능력 당 경험치	비범한 능력 당 경험치
1	10	1	5	35
2	30	1	10	50
3	50	2	15	60
4	75	3	30	70
5	110	4	45	80
6	160	6	70	120
7	225	8	120	200
8	350	10	200	300
9	600	12	300	400
10	700	13	400	500
11	900	14	500	600
12	1,200	16	700	850
13	1,500	17	800	1,000
14	1,800	18	950	1,200
15	2,100	19	1,100	1,400
16	2,400	20	1,250	1,600
17	2,700	23	1,400	1,800
18	3,000	25	1,500	2,000
19	3,500	28	1,800	2,250
20	4,000	30	2,100	2,500

동전의 더 많은 용도

장기 캠페인에서 마스터와 플레이어들은 캐릭터들이 살 수 있는 좀 더 많은 물품과 서비스가 필요할 것입니다. 돈으로 살 수 있는 목록에는 단순히 무기나 장비뿐만 아니라 요새 같은 건물도 있습니다. 이번 장은 ***울타리 너머, 또 다른 모험으로***의 '핵심 규칙' p.13에서 소개한 물품 목록을 좀 더 확장해서 소개합니다. 여기에 나온 많은 물품은 p.36~37에 있는 변형 경험치 규칙을 사용할 때 특히 유용합니다.

무기와 방어구의 가격은 아래 표에 없습니다. 무기와 방어구는 ***울타리 너머, 또 다른 모험으로***의 '핵심 규칙' p.13을 참조하세요.

음식물

사람이라면 누구든지 먹어야 삽니다. 젊은 영웅들도 마찬가지입니다. 아래 표는 일반적인 식사와 음료의 대략적인 가격입니다.

시장에서 한 턱 내기	동화 1냥
배부른 식사	동화 2냥
하루 치 휴대 식량	동화 2냥
하루 치 비상 휴대 식량	동화 5냥
호화로운 식사	은화 1냥
술 한잔	동화 2냥
싸구려 맥주 한 병	동화 2냥
좋은 술 한 병	동화 5냥
최고급 포도주	은화 5냥
여러분의 생일 잔치	은화 7냥
커다란 연회	금화 3냥

숙박

겉으로는 괜찮은 척해도, 모험가들 역시 노숙을 좋아하지는 않습니다. 언제나 그렇듯 마을마다, 또는 여관마다 숙박 비용이 다를 수 있습니다.

마구간에서 묵기	동화 2냥
평범한 방에서 묵기	동화 5냥
좋은 여관의 개인용 방	은화 1냥
최고급 숙박 시설에서 보내는 하룻밤	은화 5냥
연립 주택의 한 달 집세	금화 2냥

조명

모험가들은 밤길을 걷거나 어둡고 은밀한 장소를 엉금엉금 기어가는 상황에 자주 처하기 때문에, 그만큼 조명에 신경을 써야 합니다. 대부분 상황에서는 횃불과 촛불로도 충분하지만, 랜턴이 있으면 더욱 좋습니다. 횃불과 랜턴은 40피트(12m) 거리를 비추며, 촛불은 5피트(1.5m) 거리만 비춥니다. 촛불이나 횃불은 한 시간 정도 유지되며, 1파인트(0.5ℓ) 정도 기름을 넣은 랜턴은 다섯 시간 정도 유지됩니다.

촛불 10개	동화 1냥
횃불 3개	동화 1냥
독서용 램프	은화 5냥
덮개가 달린 랜턴	은화 7냥
기름 1파인트(0.5ℓ)	동화 1냥

가축과 이동수단

여행을 하고, 짐을 나를 때 가축이 있으면 무척 유용합니다. 가축은 매우 비싸며, 마을에서 선뜻 짐승을 내주려는 사람은 적을 것입니다.

닭	동화 2냥
예쁜 명금	은화 1냥
양이나 염소	은화 5냥
돼지	은화 5냥
훈련받은 개	은화 10냥
노새나 황소	은화 20냥
훈련받은 매	은화 30냥
말과 마구	은화 75냥
군마와 군마용 장비	금화 22냥
일주일 치 여물	동화 3냥
마구간 한 달 대여료	은화 5냥
작은 수레	은화 15냥
큰 수레	은화 40냥
대형 마차	은화 500냥
일반적인 관문이나 다리 통행세	동화 1냥
성곽 도시 들어가기	동화 5냥
심연의 다리 통과하기	은화 5냥

선박과 여행

배 만들기는 해당 기능을 갖춘 사람도 드물며, 많은 일손과 재료가 필요합니다. 섬사람들은 좀 더 쉽게 돛단배나 뗏목을 만들 수 있지만, 내륙에서는 배가 무척 신기한 사치일 것입니다

뗏목	은화 2냥
카누나 거룻배	금화 4냥
돛을 단 보트	금화 200냥
소형 범선	금화 1,000냥
대형 범선	금화 3,000냥
넓은 강을 건너는 뱃삯	동화 4냥
범선 일주일 탑승 비용	은화 12냥

의류

옷은 사회적인 지위와 부를 나타내는 상징인 동시에 실용적인 목적으로 사용됩니다. 모든 캐릭터는 시작할 때 자신의 신분에 어울리는 옷을 입은 것으로 간주합니다.

농부의 옷	동화 3냥
허리띠와 주머니	동화 5냥
평범한 옷 한 벌	은화 1냥
괜찮은 장화 한 켤레	은화 5냥
멋진 옷과 드레스	은화 16냥
멋지게 수놓은 망토	은화 20냥
일반적인 보석 장신구	은화 40냥
값비싼 장화	금화 5냥
값비싼 보석 장신구	금화 20냥
자수를 놓은 예복	금화 50냥
왕관 보석	금화 1,000냥

주택과 건축 시설

많은 모험가는 모든 위험이 없어진 마을에서 집을 짓고 평화로운 은퇴 생활을 하기 위해 노력합니다. 아래 표는 당연히 대략적인 가격이며, 집을 짓는 장소와 집의 재료에 따라 크게 달라집니다.

오두막	금화 10냥
작은 집	금화 30냥
2층 집	금화 80냥
작업장이나 작은 가게	금화 200냥
큰 여관	금화 500냥
방에 들어갈 가구나 비품	금화 10냥
스테인드글라스	금화 10냥
조각상	금화 30냥
분수	금화 50냥

방어 시설

방어 시설은 외부의 위협에서 마을을 지키기 위해서, 또는 새로운 왕국을 세우기 위해 야생에 짓는 값비싼 시설입니다. 다음에 소개된 돌벽과 해자의 비용은 작은 마을이나 중간 규모의 요새를 둘러쌓는 것으로 간주합니다. 만약 더 큰 마을이나 도시를 둘러쌓는다면 비용이 몇 배 높아집니다. 방어 시설을 짓는 비용은 건축에 드는 재료와 노동력을 모두 포함한 가격이므로, 만약 도움을 받는다면 좀 더 저렴해질 수 있습니다.

나무 방책	금화 200냥
도랑이나 마른 해자	금화 600냥
두꺼운 돌벽	금화 8,000냥
4층 탑	금화 3,000냥
작은 석재 요새	금화 8,000냥
커다란 탑	금화 10,000냥
화려한 요새	금화 15,000냥

잡동사니

다음은 모험가들이 여정 중 종종 유용하게 사용할 물품 목록입니다. 거울 같은 물품은 찾기 힘들기 때문에 판매자를 찾는 일 자체가 하나의 모험이 될 수도 있습니다.

분필 열 자루	동화 1냥
비숙련 노동 하루 품삯	동화 2냥
낚시 장비	동화 5냥
주사위	동화 8냥
밧줄 50피트 (15m)	은화 1냥
부싯돌과 부시	은화 1냥
작은 종, 유리병	은화 2냥
장식함, 부정확한 지도	은화 3냥
취사도구	은화 4냥
큰 자루, 삽	은화 5냥
양피지, 깃털 펜, 잉크	은화 10냥
무쇠솥	은화 12냥
북이나 플루트	은화 16냥
자철석	은화 20냥
사슬 20피트 (6m), 거울	은화 25냥
도둑용 도구	은화 28냥
튼튼하게 덧댄 큰 상자	은화 32냥
일반적인 보석, 천막	은화 40냥
책	은화 50냥
방에 들어갈 가구나 비품	금화 10냥
왕국의 정확한 지도	금화 30냥

보물

마스터가 사전 준비를 최소한으로 줄이고 장기 캠페인을 플레이할 때, 캐릭터들이 모험에서 무엇을 얻었는지를 결정하는 무작위 보물 표가 있다면 매우 편리할 것입니다. 이번 장은 영웅들이 보상으로 얻을 수 있는 몇 가지 보물을 소개합니다.

표의 내용에 지나치게 구애되지 마세요. 보물 표는 상상력을 자극하기 위해, 그리고 곤경에 처한 마스터를 돕기 위해 준비한 내용입니다. 가장 훌륭한 보물은 마스터가 직접 준비한 보물 창고에 들어있습니다.

각 표는 해당 보물을 얻을 수 있는 대략적인 장소나 상황에 따라 분류합니다. 만약 캐릭터들이 유난히 귀중한 보물창고를 털었다면, 막대한 부를 나타내기 위해 해당 표를 여러 번 굴리세요. 한 번 굴리는 결과는 비교적 적은 양의 보물이며, 서너 번 굴린다면 중간 정도 규모의 보물일 것입니다. 막대한 양의 보물은 여섯 번 이상 굴려야 할 것입니다. 고대의 용이라면 비교할 수 없을 만한 부를 가질 테니, 마스터가 굴릴 수 있는 회수의 명확한 한계는 없습니다.

예: 가레스와 안나는 사악한 왕의 잊힌 무덤을 탐사했습니다. 무덤을 지키는 영을 해치운 후, 캐릭터들은 왕이 모아둔 재보를 뒤지기 시작합니다. 이 보물의 규모는 중간 크기이므로, 마스터는 얼른 '부장품' 표를 찾아 네 번 굴립니다. 주사위를 굴려보니 왕은 은화 6d20냥의 보물과 귀중한 예술품, 그리고 사소한 마법 물품과 함께 묻혔다는 결과가 나왔습니다. 마스터는 캐릭터들이 고대의 은화 한 무더기와 고대의 신을 나타낸 작은 대리석 조각 몇 개, 그리고 작은 돌 받침대 위에서 희미하게 빛나는 반지를 발견했다고 설명합니다.

문명사회의 보상

마을이나 도시에 사는 사람들은 자신을 위해 재산을 비축해 놓곤 합니다. 특히 귀족들은 더욱 그렇습니다. 부유한 상인의 집이라면 한두 번 굴리세요. 하급 귀족의 금고라면 네다섯 번, 부자의 저택이라면 일곱 번 이상 굴리세요.

2d6	문명사회의 보상
2	옛 문명의 황금 조각상이나 머나먼 이국에서 만든 정교하고 화려한 융단처럼 매우 귀중한 예술품. 적절한 구매자만 만난다면 은화 2,000냥 이상의 가치가 있습니다.
3	지도나 마법 두루마리, 역사책처럼 내용이 적혀 있는 보물.
4	은화 5d20+200냥 어치의 금 무더기.
5	큰 금괴 등의 흔치 않은 투자물. **대장장이**를 잘 만나면 최대 은화 500냥의 가치가 있습니다.
6	성능 좋은 베틀이나 수선공의 도구처럼 특정 직업이나 기능과 관련된 귀중한 물품.
7	은화 4d8+20냥 어치 동전
8	최고급 맥주 한 통이나 훌륭한 포도주처럼 매우 좋은 술.
9	은화 3d20+100냥 어치 동전
10	은제 벽거울이나 장식용 스테인드글라스, 특이한 가구처럼 훌륭한 가정용품. 가지고 나가기는 어렵지만, 최대 은화 450냥의 가치가 있습니다.
11	단서! 캐릭터의 흥미를 끌 만한 물품입니다. 어쩌면 경쟁자 NPC 사이에 주고받은 편지이거나, 도적단의 습격 계획이 적힌 지도일지도 모릅니다.
12	사소한 마법 물품. 마법 물약 1d4병이나 운석 철로 만든 +1 무기처럼 p.50에서 소개하는 공예품이면 적절합니다.

야만인의 재산

문명에서 멀리 떨어져서 사는 사람들은 돈이나 예술품과는 다른 보물을 가지고 다닐 것입니다. 산 너머에 사는 은퇴한 영웅의 거처라면 한두 번 굴리세요. 족장의 금고라면 네다섯 번, 야만인 부족이 보물을 모아둔 장소라면 일곱 번 이상 굴리세요.

2d6	야만인의 재산
2	야만인들에게 큰 의미가 있는 강력한 마법 물품입니다. 분명 되찾기를 원할 것입니다. 예: 머나먼 땅까지 울려 퍼지는 뿔피리나 언제나 표적을 맞히는 화살 묶음.
3	은화 4d20+50냥 어치 동전
4	망치와 모루, 훌륭한 악기처럼 특정 직업이나 기능과 관련된 귀중한 물품.
5	기이한 가죽과 모피. 적절한 구매자만 만난다면 은화 2d20냥 정도의 가치가 있습니다.
6	아무 장식도 없지만 완벽하게 쓸 만한 무기.
7	은화 3d12냥 어치 동전.
8	한 사람이 2주일 먹을 수 있는 분량의 질기고 잘 안 썩는 식량
9	양이나 염소, 소 등의 가축 3d6마리.
10	배부른 말 한두 필.
11	룬 문자가 새겨진 돌이나 작은 우상, 고대 유물처럼 강력한 힘의 상징.
12	사소한 마법 물품. 마법 물약 1d4병이나 착용자의 **장갑**을 늘리는 모피 망토처럼 p.50에서 소개하는 공예품이면 적절합니다.

괴물의 비축품

보통 지성 없는 괴물은 희생자의 시체와 물품을 제외하면 보물 같은 것을 가지고 다니지 않습니다. 하지만 몇몇 괴물은 설명할 수 없는 어떠한 이유 때문에 자신의 거처에 보물을 쌓아 놓으면서 기나긴 세월 동안 막대한 부를 축적합니다. 트롤의 소굴이라면 한두 번 굴리세요. 사이렌의 거처라면 네다섯 번, 젊은 용의 보물이라면 일곱 번 이상 굴리세요.

2d6	괴물의 비축품
2	은화 10d20+6,000냥 어치의 보물이 산처럼 쌓여 있습니다. 안타깝게도, 이 동전에는 일종의 저주가 걸려 있어서 안전하게 쓰려면 우선 정화를 해야 합니다.
3	괴물을 죽이려다가 실패한 영웅의 마법 무기.
4	은화 4d20+800냥 어치 동전.
5	음악상자나 잊힌 정령의 상징, 정교한 무늬가 새겨진 완장 같은 기이한 물품 한두 개.
6	무기나 갑옷 1d12개
7	어느 어리석은 영웅의 시신. 평범한 사슬 갑옷과 장검을 (또는 다른 무기를) 착용했습니다. 시신을 살펴보면 주머니에 은화 3d10냥을 가지고 있습니다.
8	은화 4d20+200냥 어치 동전.
9	사소한 마법 물품. 마법 물약 1d4병이나 혼돈의 괴물들을 감지하면 빛을 발하는 브로치처럼 p.50에서 소개하는 공예품이면 적절합니다.
10	지도나 마법 두루마리, 역사책처럼 내용이 적혀 있는 보물.
11	헤아릴 수 없는 가치를 지닌 보물 한 점. 이 물품은 어느 정도 마법적인 면모도 갖췄습니다. (달빛을 받으면 빛나는 커다란 돌 등) 정말로 갑부인 사람만이 이 물품을 살 만한 재력을 지녔습니다. 왕에게 바친다면 영지와 작위를 줄 만한 물품입니다.
12	밤하늘의 여신이 짠 망토나 강력한 대마법사의 반지처럼 막강한 힘을 지닌 고대의 잊힌 마법 물품.

부장품

부장품은 무덤에서 찾을 수 있는 보물입니다. 중요한 인물의 작은 무덤이라면 한두 번 굴리세요. 왕이나 왕족의 무덤이면 네다섯 번, 대왕과 왕족들이 함께 묻힌 거대한 왕릉이라면 일곱 번 이상 굴리세요.

2d6	부장품
2	전투 때 사용자를 공격하는 황동 도끼, 사용한 자에게 끔찍한 질병을 내리는 동전 더미처럼 저주받은 물품.
3	지도나 마법 두루마리, 역사책처럼 내용이 적혀 있는 보물.
4	은화 4d20+400냥 어치 동전.
5	잃어버린 군기나 왕의 표식, 잊힌 왕국의 이정표처럼 중요한 문화적 가치를 지닌 평범한 물품.
6	커다란 보석이나 왕의 보석처럼 매우 비싸지만 팔기는 어려운 보물. 은화 500냥 이상의 가치가 있지만 큰 도시나 귀족들에게 가야 팔 수 있습니다.
7	은화 4d20+100냥 어치 동전
8	이전 사용자와 함께 묻힌 고급 무기나 갑옷 1d6개
9	낡은 태피스트리나 아름다운 조각상, 정교한 꽃병 같은 예술품. 적절한 구매자만 만난다면 은화 2d20+200냥의 가치가 있습니다.
10	거대한 조각상이나 무거운 왕좌처럼 귀중하지만, 무척 큰 예술품. 가지고 나가기는 어렵지만, 적절한 구매자만 만난다면 은화 1,200냥 이상의 가치가 있습니다.
11	사소한 마법 물품. 마법 물약 1d4병이나 어두운 강철 단검처럼 p.50에서 소개하는 공예품이면 적절합니다.
12	옛 왕의 검이나 왕관처럼 상당히 강력한 마법 물품.

마법 저장고

마법 저장고에서는 가장 희귀한 보물들을 얻을 수 있습니다. 모험가들은 때때로 머나먼 땅이나 잘 숨겨진 장소에서 마법 저장고를 발견하곤 합니다. 마녀의 오두막이라면 한두 번 굴리세요. 비밀 결사의 본거지라면 네다섯 번, 대마법사의 버려진 탑이라면 일곱 번 이상 굴리세요.

2d6	마법의 보물
2	보는 이를 미치게 만드는 태피스트리나 착용자를 오직 친구와 아군에게만 보이지 않게 만드는 망토 등 위험하고 사악한 저주가 걸린 마법 물품.
3	마법의 달인이 쓴 마법서. 주술 2d4개와 4레벨 이상의 의식 1d6개가 적혀 있습니다. 다른 마법사들은 아마 이 책을 탐낼 것입니다.
4	사소한 마법 물품. 마법 물약 1d4병이나 쓸 만한 주문이 걸린 마법 막대처럼 p.50에서 소개하는 공예품이면 적절합니다.
5	미스릴이나 별의 금속처럼 정말로 귀중하고 희귀한 금속 주괴 1d12개.
6	눈부시게 빛나지만, 표면이 닳은 금화 4d20냥.
7	다양한 레벨의 의식에서 쓸 수 있는 재료 1d4개
8	기원을 알 수 없는 거대한 보석. 이 보석은 은화 1,000냥 이상의 가치가 있으나, 대도시나 왕의 궁정에 가야 팔 수 있습니다.
9	주문 1d4개와 의식 1d4개가 적힌 마법서
10	사소한 마법 물품. 마법 물약 1d4병이나 살아 움직이는 빗자루처럼 p.50에서 소개하는 공예품이면 적절합니다.
11	폭풍을 부르는 철제 마법 막대나 기이한 장소를 비추는 거울처럼 강력한 마법 물품.
12	무시무시한 힘을 지닌 마법 물품. 어쩌면 아티팩트일지도 모릅니다.

요정의 보물

요정의 보물은 때로 인간의 보물과는 전혀 다른 형태나 모습을 취합니다. 요정의 보물을 손에 넣은 인간들은 많은 경우 고통과 혼란에 시달립니다. 요정의 집이라면 한두 번 굴리세요. 미약한 요정 군주의 거처라면 네다섯 번, 요정 궁정에서 가장 위대한 자의 거처나 보물창고라면 일곱 번 이상 굴리세요.

2d6	요정의 보물
2	요정의 금이 은화 5d20+2,300냥 어치 있습니다. 요정의 금은 사람에게 탐욕이나 사랑, 분노 같은 극심한 감정을 끌어올리곤 합니다.
3	노래를 부르는 작은 조각상이나 항상 따뜻하고 마른 상태를 유지하는 장갑처럼 무척 멋지지만 결국 그다지 쓸모가 없는 마법 물품.
4	뒤틀린 뿔이 달린 왕관이나 엘프의 귀걸이, 기이한 팔찌 같은 요정의 보석 장신구. 이러한 장신구는 은화 400냥 이상의 가치가 있지만, 아마 원래 주인인 요정은 돌려받기를 원할 것입니다.
5	철을 쓰지 않고 만든 요정의 무기.
6	은화 2d12+20냥 어치의 요정 동전.
7	요정의 음식물. 인간이 먹으면 기이한 효과를 일으킬 것입니다.
8	어여쁜 허리띠나 피처럼 붉은 모자처럼 기이하거나 매우 훌륭한 요정의 의상.
9	백금 동전이나 사람 주먹만 한 월석, 또는 희귀한 금속 덩어리 같은 신기한 요정의 보물. 이러한 보물은 은화 500냥 이상의 가치가 있지만, 아마 원래 주인인 요정은 돌려받기를 원할 것입니다.
10	요정 여왕의 눈물이나 석화된 트린트의 나무껍질, 순수한 은의 씨앗처럼 캐릭터가 절대로 본 적이 없는 물건.
11	사소한 마법 물품. 마법 물약 1d4병이나 요정의 밧줄처럼 p.50에서 소개하는 공예품이면 적절합니다.
12	햇빛을 담은 병이나 물리적 형체를 갖춘 어린이의 희망, 사막을 꽃피울 수 있는 흙이 담긴 단지처럼 매우 훌륭하고 초현실적인 보물.

상인의 교역품

무역선이나 상단, 개인 상인들은 보통 돈과 교역품을 가지고 다닙니다. 상인들의 교역품은 보통 값이 비싸지만, 오직 다른 상인에게만 팔 수 있는 제품일 경우가 많습니다. 소형 배나 수레를 끌고 다니면서 돌아다니는 상인 가족이라면 한두 번 굴리세요. 도시 상점의 창고라면 네다섯 번, 무역선이라면 일곱 번 이상 굴리세요.

2d6	상인의 교역품
2	지식이 담긴 책처럼 귀중한 기록물이 전용 상자에 담겨있습니다.
3	비단이나 보석, 예술품, 제철이 아닌 과일 등 이국의 상품이 있습니다. 부유한 구매자에게 판다면 은화 1,000냥 이상의 가치가 있습니다.
4	망치와 모루, 실과 가락, 물감과 염료 같은 도구와 원자재. 가지고 나가기는 어렵지만 적절한 장인에게 판다면 은화 600냥의 가치가 있습니다.
5	각각 은화 30냥 가치가 있는 보석이 3d4개, 각각 은화 45냥 가치가 있는 보석이 달린 장신구 2d6개가 들어 있는 철 상자가 자물쇠로 잠겨 있습니다.
6	한 사람이 4d6주 먹을 수 있을 만큼 많은 양의 보존 식량.
7	은화 4d20+200냥 어치의 옷이나 목재, 금속, 밀가루 같은 교역품
8	은화 2d20+100냥이 든 작은 금고
9	평범한 상품 사이나 그 밑에 은화 4d20+150냥이 든 비단 주머니가 있습니다.
10	은화 5d10+300냥 어치의 좋은 술 한 통.
11	도움이 필요한 여행자나 죄수. (혹은 둘 다) 분명 귀중한 정보를 가지고 있을 것입니다.
12	누군가 군주의 마법 인장 반지나 부자의 마법 걸린 가방 같은 마법 물품을 기름 먹인 가죽으로 감싸서 음료수 속에 숨겨두었습니다. 이 마법 물품은 상당한 마력을 지녔으며, 강력한 힘을 지닌 고객에게 배달될 예정입니다.

초자연적인 기예

이 표는 대지의 정령이나 드워프, 마법의 룬 제작자처럼 초자연적인 장인이 가진 보물과 부를 나타냅니다. 은둔한 요정 **대장장**이라면 한두 번 굴리세요. 드워프의 대장간이라면 네다섯 번, **대장장**이 웨이랜드의 집이라면 일곱 번 이상 굴리세요.

2d6	초자연적인 기예
2	특정한 장인 기능에 사용할 수 있는 마법의 도구. 이 도구를 사용하는 사람이 이미 해당 기능을 가지고 있다면, 판정할 때 +5 보너스를 받습니다.
3	+1 은제 단검이나 운석 철로 날을 만든 창, 무늬를 새긴 +1 미스릴 방패 같은 마법의 무기나 방어구 2d4개.
4	각각 은화 200냥 가치를 지녔고, 당장이라도 장신구에 끼울 수 있는 보석 3d8+4개가 주머니 안에 들어 있습니다.
5	특정한 장인 기능에 사용할 수 있는 품질 좋고 균형이 완벽한 도구. 이 도구를 사용하는 사람이 이미 해당 기능을 가지고 있다면, 판정할 때 +2 보너스를 받습니다.
6	무척 잘 만든 무기 2d12자루. 각 무기는 원래 가격보다 두 배 비쌉니다.
7	최대 은화 600냥의 가치를 지닌 금이나 은, 혹은 철괴. 이 주괴는 매우 무거우며, 오직 숙련된 장인이나 상인에게만 가치가 있습니다.
8	작은 조각상이나 보석 장신구처럼 매우 잘 만든 예술품. 은화 5d20+600냥의 가치가 있습니다.
9	마법 공예의 역사를 다룬 책이나 버려진 미스릴 광산의 위치를 나타낸 지도 등의 기록물.
10	미스릴이나 별의 금속처럼 매우 귀중하고 희귀한 금속덩이 3d6개.
11	위대한 작품을 구상한 거장의 설계도. 캐릭터는 새 의식이나 마법 물품을 만들 방법을 배울 수 있을지도 모릅니다.
12	살아 움직이는 석상이나 힘의 반지, 또는 룬을 새긴 마법의 도끼 등 진정한 거장이 만든 매우 강력한 마법 물품.

보물 종류 선택하기

때로 마스터는 캐릭터들이 무작위로 얻는 보물을 정할 때, 앞의 보물 표 중에서 무엇을 굴려야 할지 명확하게 판단이 서지 않을 수도 있습니다.

가장 먼저 명심할 사항은, 캐릭터들이 적을 무찌르거나 어느 장소를 수색한다고 해서 항상 약탈할 보물이 나오지는 않는다는 점입니다. 사실, 보물을 찾을 수 없는 경우가 대부분일 것입니다. 앞의 표에서 나온 결과는 어딘가 쌓아 둔 보물을 나타내며, 이런 보물은 보통 남들 눈에 보이지 않게 숨겼을 것입니다. 그러므로 캐릭터들이 충분히 보물을 찾았을 것이라고 판단이 될 때만 표를 굴리세요.

두 번째로, 굳이 표 하나에서만 주사위를 굴릴 필요가 없습니다. 만약 캐릭터들이 사악한 트롤 무리를 무찌르고 보물을 얻는다면 분명히 '괴물의 비축품' 표를 굴려야 할 것입니다. 하지만 만약 뱀파이어 귀족을 무찌른다면 어떻게 해야 할까요? 마스터는 뱀파이어가 가진 보물을 나타내기 위해 '문명사회의 보상'에서 세 번, '마법 저장고'에서 두 번, '부장품'에서 한 번 굴릴 수 있습니다.

마지막으로, 마스터는 캠페인에 적합한 보물 표를 직접 만들 수도 있습니다. 예를 들어 캐릭터들이 사악한 노움 왕국과 싸우게 되어 이들의 보물을 손에 넣는 경우가 빈번하게 발생한다면, 마스터는 새롭게 '노움들의 보물' 표를 만들기 원할지도 모릅니다. 표를 만들 때는 2d6 주사위 굴림 결과가 종형 곡선을 그린다는 사실을 염두에 두세요. 즉, 캐릭터들이 가장 많이 발견할 만한 보상은 표의 중간에, 가장 좋거나 가장 기이한 보상은 2와 12의 결과에 배치하세요.

마법 물품 만들기

판타지 문학에는 강력한 검이나, 마법 물약, 보호의 부적 같은 마법 물품이 자주 등장합니다. 때로 영웅들은 여정 중에 이러한 마법 물품을 발견하곤 합니다. ***울타리 너머, 또 다른 모험으로***의 캐릭터들 역시 기본적으로는 모험을 나서야 마법 물품을 얻을 수 있습니다. 하지만 많은 이야기에서, 영웅들은 위험한 여정에 나서기 전에 직접 마력이 담긴 물품을 만들기도 합니다. 플레이어들도 장기 캠페인을 하는 동안 자신만의 마법 물품을 만들고 싶어 할 것입니다.

이번 장은 게임 속에서 마법 물품을 만드는 몇 가지 간단한 규칙을 소개합니다. 마법 물품은 만들어지는 방식에 따라 공예품, 사용자의 업적으로 축복받은 물품, 마법사가 마력을 부여한 물품으로 분류할 수 있습니다:

하지만, 마법 물품이 반드시 이 세 가지 방식으로만 만들어지는 것은 아닙니다. 만약 캐릭터들이 다른 방식으로 만든 마법 물품을 우연히 접하거나 그런 마법 물품이 있다는 소문을 듣는다면 이 세계는 더더욱 신비하고, 생생한 장소로 다가올 것입니다. 다른 차원에서 오거나 신들이 직접 제작한 마법 물품, 질서와 혼돈의 투쟁을 상징하는 강력한 불멸의 아티팩트 등이 그 예입니다.

공예품

공예품은 가장 간단한 종류의 마법 물품입니다. 재능 있는 장인은 다루기 어려운 희귀한 재료와 약간의 행운으로 마법사가 부리는 힘과는 완전히 다른 마법을 만들어 냅니다.

마법의 공예품을 만들려 하는 캐릭터들은 반드시 그 물품을 만들기 위한 장인 기능, 또는 직업 기능을 가져야 합니다.

물품을 제작하려면, 우선 적합한 마법의 재료가 있어야 합니다. 마법의 단검은 운석 철 덩어리나 무덤에서 파낸 은화로 제조해야 하며, 마법의 밧줄은 엘프 숙녀의 머리카락을 꼬아서 만들어야 합니다. 이러한 재료를 찾는 과정은 그 자체가 모험이 될 것입니다. 만약 재료를 너무 쉽게 찾을 수 있다면 머지않아 캐릭터들은 자잘한 마법 물품을 잔뜩 갖출 것이고, 마법은 평범하고 단조로운 기술처럼 보일 것입니다. 마법이 이런 모습으로 비추어지는 것은 절대 바람직하지 않습니다.

마법 재료는 당연히 평범한 재료보다 훨씬 다루기 어렵습니다. 그러므로 캐릭터의 제작 판정에도 페널티가 붙습니다. 그렇기 때문에 오직 위대한 장인만이 그나마 조금씩이라도 꾸준히 마법 물품을 만들 수 있는 것입니다. 페널티가 얼마나 될지는 최종적으로 마스터가 결정하지만, -10 정도가 좋은 기준점입니다.

페널티가 정해지면, 플레이어는 적절한 능력치 판정을 합니다. 예를 들어 마법의 숄을 만들려면 기능: **방직**으로 보너스를 받아서 **민첩성** 판정을 해야 할 것입니다. 판정에 성공하면 캐릭터는 사소한 마법 물품을 하나 만듭니다. 마스터와 플레이어는 이 물품이 어떤 능력을 지녔는지 논의하세요. 하지만 사소한 마법 물품의 능력은 그리 강력하지 않고, 효과도 간단하다는 점을 명심하세요. 운석 철로 만든 단검은 명중과 피해에 +1 보너스를 줄 것이고, 엘프의 머리카락으로 만든 밧줄은 주인이 필요할 때 저절로 풀릴 것입니다.

보통 사소한 마법 물품으로 얻을 수 있는 효과는 성공적으로 사용한 캔트립과 비슷합니다.

일부 극소수의 공예품은 좀 더 강력한 힘을 지닐 수도 있습니다. 만약 캐릭터가 동지나 하지, 또는 행성들이 일렬로 배치되는 때처럼 *상서로운 시기에 맞추어 물품을 만들어서 제작 판정에 성공한 다음 행운 점수를 사용한다면*, 해당 마법 물품은 좀 더 특별한 능력을 발휘합니다. 운석 철 단검은 사용자의 품속에 있는 한 절대 들키지 않을 것이고, 엘프 머리카락으로 만든 밧줄은 평범한 방법으로는 절대 끊어지지 않을 것입니다.

강력한 공예품으로 얻을 수 있는 효과는 마법사의 주술과 비슷합니다.

공예품 예시

아름다운 반지

사람들은 이 값진 반지를 낀 상대에게 경외심을 가지며, 때로는 질투를 품기도 합니다. 착용자는 낯선 사람에게 감명을 주는 모든 **매력** 판정에 +2 보너스를 받습니다. 반지를 만들려면 머나먼 남쪽의 마법 광산에서 캐 온 다이아몬드가 필요하며, 제작자는 **보석세공** 같은 기능을 사용해서 **민첩성**

판정을 해야 합니다.

고독한 뱃사람 호

어느 노련한 배 목수가 만든 이 작은 쌍동선은 몇몇 섬사람들 사이에서 신기하게도 항상 집으로 가는 길을 찾아내는 배라는 전설적인 명성을 얻었습니다. 이 배를 타는 사람들은 모든 항해 판정에 +2 보너스를 받습니다. 고독한 뱃사람 호를 만들려면 요정의 숲에서 가져온 특별한 은빛 나무가 필요하며, 제작자는 **배 제작** 같은 기능을 사용해서 **민첩성** 판정을 해야 합니다.

치유의 물약

이 귀중한 물약을 마시는 사람은 1d4+1점의 HP를 회복합니다. 치유의 물약을 만들려면 매우 조심스럽게 다뤄야 할 귀중한 약초가 필요하며, 제작자는 **약초 지식** 같은 기능을 사용해서 **지능** 판정을 해야 합니다.

가문의 깃발

가문의 깃발은 수많은 전쟁에서 승리한 어느 강력한 군주가 솜씨 좋은 직공을 시켜 만든 깃발입니다. 사용자는 깃발을 휘날리는 동안 장갑에 +1 보너스를 받으며, 전투에서 사람들을 지휘하는 모든 판정에 +2 보너스를 받습니다. 가문의 깃발을 만들려면 요정의 숲에서 가져온 금빛 실이 필요하며, 제작자는 **방직** 같은 기능을 사용해서 **민첩성** 판정을 해야 합니다.

전쟁의 왕관

전쟁의 왕관은 어느 강력한 **대장장이**가 전장으로 떠나는 자기 군주를 위해 급히 만든 강철 투구입니다. 착용자는 모든 극복 판정과 장갑에 +2 보너스를 받습니다. 전쟁의 왕관을 만들려면 별의 금속 덩어리가 필요하며, 제작자는 **대장장이** 같은 기능을 사용해서 **근력** 판정을 해야 합니다. 전쟁의 왕관은 만들면서 행운 점수를 사용했고, 마침 그날이 만성절 전야였기 때문에 무척 강력한 마법 물품입니다.

위업이 깃든 물품

위대한 고룡의 숨통을 끊은 검이라면, 평범하게 벼린 무기라고 하더라도 더는 평범한 검으로 남을 수 없습니다. 적들을 무찌르고 조국을 지켜낸 위대한 여왕의 후손들이 대대손손 물려받아 낀 반지 역시 그저 단순한 장신구가 아닙니다. 이러한 물품은 영웅들이 이룬 업적의 무게와 힘이 깃든 마법 물품이 됩니다.

캐릭터가 정말로 위대한 업적을 이루었을 때, 플레이어는 그 위업을 이루는 데 직접 사용하거나 큰 도움이 된 물품을 위업이 깃든 물품으로 만들겠다고 선언할 수 있습니다. 위업이 깃든 물품을 만들려면 그저 테이블의 동의를 받은 다음, 행운 점수를 사용하기만 하면 됩니다.

오직 캐릭터가 전설로 남을 가치가 있는 행동을 했을 때만 동의하세요. 이러한 업적은 아마도 캠페인을 통틀어 한두 번 정도 발생하거나, 어쩌면 아예 일어나지 않을 수도 있습니다. 위업이 깃든 물품은 사용자의 힘을 담은 강력한 도구이며, 반드시 특별하고 희귀해야 합니다. 오랫동안 RPG를 한 플레이어라면 분명 플레이 도중 테이블 전체가 충격에 휩싸여서 숨이 턱 막히거나, 너무나 훌륭한 나머지 입이 귀에 걸린 특별한 순간을 기억할 것입니다. 이때가 바로 위업이 깃든 물품을 만들 시간입니다.

이 규칙을 발동한 플레이어는 자신의 물품이 어떤 종류의 마법 물품이 될지 완벽하게 확신할 수 없습니다. 그리고 위업이 깃든 물품은 그 안에 담긴 역사와 그에 따른 전통을 짊어진 탓에 물품 자신만의 욕구를 가지게 됩니다.

무엇보다도, 캐릭터는 위업이 깃든 물품을 만든 다음부터는 어떠한 상황에서도 자진해서 같은 종류의 다른 물품을 가지고 다닐 수 없습니다. 영웅이 용을 죽이는데 사용한 검은 이제 영웅이 들고 다니는 유일한 검이 됩니다. 위대한 여왕은 이후 대관식에 착용한 반지 외의 다른 반지는 절대로 끼지 않을 것입니다.

두 번째로, 위업이 깃든 물품은 마법 물품이 되는 순간부터 주요한 능력을 발휘합니다. 우선 무기는 명중과 피해에 +3 보너스를 주며, 방어구는 추가로 +2 **장갑**을 더 줍니다. 그 외의 다른 물품은 특정한 종류의 능력치 판정에 +4 보너스를 줍니다. (예를 들어, 악마 대공을 묶은 사슬을 끊는 데 사용한 **대장장이**의 망치는 이제 모든 **대장장이** 판정에 보너스를 줄 것이며, 여왕의 대관식 반지는 명령을 내리는 모든 판정에 보너스를 줄 것입니다)

그다음 마스터는 이 물품에 세 가지 능력을 더 줍니다. 능력마다 d6을 굴리세요. 주사위 결과가 1~2면 위에서 설명한 보너스를 좀 더 늘립니다. 무기의 명중과 피해 보너스는 +1 증가하고, 방어구는 **장갑**이 +1 증가하며, 다른 물품은 원래 받는 보너스를 +2 늘리거나, 비슷한 다른 판정에도 +2 보너스를 줍니다. (**대장장이**의 망치는 **대장장이** 외에도 다른 장인 판정에 +2 보너스를 줄 것이고, 여왕의 반지는 명령 외에도 신하와 주고받는 모든 사회판정에 +2 보너스를 줄 것입니다)

만약 주사위 결과가 3~6이면, 위업이 깃든 물품은 또 다른 비범한 힘을 얻습니다. 마스터는 이 물품과 착용자의 내력을 고려한 다음 결정을 내리세요. 각각의 능력은 상당한 정도의 효과를 지니며, 대략 마법사의 주술과 (캔트립이나 의식은 아닙니다) 비슷한 위력을 지닙니다. 물품이 지니는 힘은 어떤 종류의 능력인지에 따라 언제나 효과를 발휘할 수도 있고, 하루에 한 번 발동할 수도 있습니다. (**대장장이**의 망치는 하루에 한 번 착용자의 명령에 따라 불꽃을 내뿜으면서 근거리의 모든 적을 태웁니다. 여왕의 반지는 착용자가 여왕답게 누구보다 먼저 행동할 수 있도록 언제나 전투 순서에 보너스를 줍니다)

만약 물품에 어떤 능력을 부여할지 모르겠다면, 그냥 착용자의 극복 판정에 +2 보너스를 주는 능력을 주세요. 이런 물품은 전설을 계속 이어 나갈 기회를 얻기 위해서 주인을 보호하는 성향이 있습니다.

위업이 깃든 물품은 자신만의 성격과 욕구를 키웁니다. 물품은 비슷한 종류의 또 다른 전설을 다시 한번 재현하려고 할 것입니다. 예를 들어 용을 죽인 검은 다른 용이나 그와 비슷할 정도로 강한 괴수와 싸우기를 원할 것입니다. 검의 사용자가 이러한 괴물을 다시 한 번 발견한다면, 검은 자신의 욕구에 이끌려 주인이 강제로 괴물과 싸우도록 할 수도 있습니다. 물품의 지성은 똑똑한 사냥개 정도 수준밖에 안되므로, 캐릭터를 행동으로 이끌려면 반드시 욕구의 대상이 되는 존재가 눈앞에 있어야 합니다.

물품의 능력을 정한 다음, 마스터는 1d6을 굴린 다음 결과를 공개하지 않고 어딘가에 기록하세요. 이 결과는 마법 물품의 인격입니다. 만약 물품의 사용자가 물품의 욕구를 불러일으킬 만한 상황에 처한다면, 캐릭터는 인격 수치만큼의 페널티를 받고, 마법 물품 극복 판정을 합니다. 판정에 실패한 캐릭터는 마법 물품의 욕구가 해소될 때까지, 또는 하루가 지나 다시 한 번 극복 판정을 할 수 있을 때까지 마법 물품의 욕구를 따라 행동합니다.

마지막으로, 위업이 깃든 물품은 아티팩트로 간주합니다.

위업이 깃든 물품 예시

태조의 검

무척 오래됐지만 여전히 눈부시게 빛나는 이 청동검은 문명의 태동기에 어느 왕이 지닌 무기입니다. 이 왕은 인간이 살기 위한 질서의 땅을 얻기 위해 이 검으로 엘프 여왕을 죽였습니다. 이후 태조의 검은 혼돈과 요정들의 욕망이 지배하는 옛 세계와 맞서 싸우는 상징이 되었습니다. 태조의 검은 소검 크기이며, 검자루에는 아름다운 은장식이 새겨져 있습니다.

태조의 검은 몇 가지 마법 능력을 갖추었습니다. 우선, 검의 사용자는 명중과 피해에 +4 보너스를 받습니다. 또한 검은 혼돈의 정령이 근처에 있으면 크게 울부짖으며, 이러한 적에게 두 배의 피해를 줍니다. 마지막으로, 검은 결코 주인에게서 떨어지지 않으려 하기 때문에, 다른 사람에게 빼앗기거나 잃어버려도 달이 뜨면 불가사의하게 다시 주인의 손으로 돌아갑니다.

태조의 검은 인격 수치가 5이며, 질서를 확립하고 요정들과 적대하려는 욕망을 지녔습니다. 이 검은 사용자가 왕국이나 무역 조직, 또는 공제 조합 등을 세우도록 이끕니다. 비록 태조의 검은 하찮은 요정 앞에서는 욕구를 참을 줄 알지만, 체력 주사위가 5 이상인 강력한 요정이 나타나면 사용자의 전투 의지와 폭력성을 부추길 것입니다.

연인의 베틀

어둠의 마법사에게 굴복한 후 모든 사람이 생명 없는 자동인형으로 바뀐 체탐 마을은 어느 영웅들 덕분에 사악한 지배자의 손길에서 벗어났습니다. 자유를 얻은 후 마을의 젊은이 한 쌍이 서로 사랑에 빠졌고, 마을 사람들은 수십 년 만에 처음 맞이하는 결혼식을 다 함께 즐겼습니다. 직공 마이클은 모든 마을 사람들에게 새 옷을 만들어 주었는데, 특히 두 연인에게는 특별한 의복을 선물했습니다. 마이클이 그 옷을 짠 도구가 바로 이 연인의 베틀입니다.

연인의 베틀을 사용하는 사람은 모든 **방직** 판정에 +4 보너스를 받으며, 누구든 베틀 근처에 있는 사람들은 폭력 행위를 하려면 마법 물품 극복 판정에 성공해야 합니다. 또한 베틀로 천을 짜기 시작하면, 작업이 끝날 때까지 재료가 떨어지지 않습니다. 마지막으로, 이 베틀로 짠 옷은 의도적으로 훼손하지 않는 한 평범한 방법으로는 닳거나 찢어지지 않습니다.

연인의 베틀은 인격 수치가 2이며, 언제나 조화와 균형을 추구합니다. 베틀은 주인이 가난하지만 고결한 사람들을 아무 대가도 없이 돕도록 이끌 것입니다.

마력을 부여한 물품

마법사들은 대개 누구보다도 더 많이 마법 물품을 만듭니다. 의식을 사용할 줄 아는 캐릭터는 특별한 의식을 치러서 여러 가지 강력한 마법을 부여한 마력의 물품을 제조할 수 있습니다. 마력 부여는 힘들고 오래 걸리는 작업이기 때문에, 때로 마법 물품을 만들려는 캐릭터는 필요한 재료를 모으고, 마력을 부여하는 작업을 하기에 적합한 장소를 찾고, 위대한 과업을 마칠 때까지 방해받지 않도록 사전 준비를 하는 데에 모험을 몇 번 치러야 할 수도 있습니다.

다음은 마법사가 마법 물품에 마력을 부여하기 위한 네 가지 서로 다른 의식입니다. 마력 부여 의식들은 다른 의식과 같은 규칙을 따르지만, 몇 가지 중요한 차이가 있습니다.

먼저, 마력 부여 의식은 의식 레벨당 한 시간이 아니라, 의식 레벨당 한 달이 걸립니다. 비록 그동안 마법사는 휴식을 취하거나 잠을 잘 수 있지만, 의식을 치르는 동안 마법사는 일상 대부분을 마력 부여 의식에 쏟아야 합니다. 마력 부여를 하는 동안 마법사는 모험을 나서서는 안 되며, 비교적 조용하고 사람들이 없는 곳에서 의식을 치러야 합니다. 깨어 있는 시간 동안 한 두시간 이상 작업에서 손을 떼면 마력 부여는 실패합니다.

두 번째로, 마법사는 마력 부여 작업을 하기 위해 각종 도구가 완벽하게 갖춰진 연금술 연구실을 갖춰야 합니다. 실험실에 무엇이 필요한지는 마스터에게 맡깁니다. 게임 속 사람들의 문화와 배경에 따라서 캠페인의 느낌도 달라지고, 연구실의 모습도 정해질 것이기 때문입니다. 기본적으로 연구실을 세우기 위해서는 많은 돈이 필요하며, 캐릭터의 고향이든, 마력이 강력한 어느 외딴 장소든 연구실을 만들기 적합한 장소를 찾기 위해서 한 번 이상 모험을 나서야 합니다. 마을의 마녀처럼 단순한 재료와 도구만 사용하는 마법사라고 하더라도 연구실을 세우려면 많은 시간과 노력을 쏟아야 합니다. 자기 집이 얼마나 마법적으로 공명하는지, 그리고 건축 자재로 무엇을 쓰는지에 다른 마법사들이 연구실을 세우는 것만큼 신경을 쓰기 때문일지도 모릅니다.

세 번째로, 마력 부여 의식을 치르는데 필요한 재료와 구성품은 마법 물품마다 매우 다르기 때문에, 마스터와 플레이어들은 독특하면서도 해당 마법에 어울리는 필요조건을 만들기 위해 함께 논의해야 합니다. 한 가지 확실한 사실은, 마법 물품의 재료는 신비하면서도 구하기 어렵습니다. 예를 들어 마법의 검을 만들려면 운석 철로 만든 검이나 용의 이빨로 만든 칼자루 같은 재료를 준비해야 할 것입니다. 평범한 검은 마법의 검이 될 수 없습니다. 마스터와 플레이어들은 이 재료가 의식에 사용할 수 있을 만큼 충분히 특별한지 재료별로 함께 검토하세요.

마지막으로, 마력 부여 의식은 하위 단계부터 누적해서 치러야 합니다. 강력한 마법 물품을 만들려면 우선 이전 단계의 마력 부여 의식을 거친 후에야 더욱 높은 레벨의 의식을 치를 수 있습니다. 예를 들어, 캐릭터는 단순히 3단계 마력 부여를 처음부터 사용할 수 없으며, 1단계와 2단계를 차례대로 치러서 마법 물품에 마력을 쌓아야 합니다. 즉, 최종 단계의 마력 부여 의식은 많은 양의 마법적인 재료를 쏟아부어야 할 뿐만 아니라 연구와 제작에 2년 가까이 걸리는 벅찬 작업입니다. 그러므로, 이러한 강력한 마법 물품은 한 세대에 한 번만 만들어집니다.

높은 단계의 마력 부여 의식은 이전 단계의 의식이 끝나자마자 곧바로 이어서 치를 필요는 없습니다. 마법사는 이후에 다시 작업을 시작할 수 있습니다.

마력 부여는 해당 물품에 단계별로 한 번씩만 할 수 있습니다. 예를 들어 2단계 마력 부여를 받은 물품에 새로운 힘을 부여하려면 좀 더 높은 단계의 마력 부여를 할 수밖에 없습니다. 그러므로, 최종 단계까지 마력을 부여받은 마법 물품은 보통 세 가지 힘을 가집니다: 다시 말해 2단계에서 사소한 힘을, 3단계에서 상당한 힘을, 최종 단계에서 강력한 힘을 부여받습니다.

연구실 예시

*독학 마법사 누알란을 플레이하는 해롤드는 4레벨이 되어 **1단계 마력 부여**와 **2단계 마력 부여**를 배웠습니다. 해롤드는 몇 가지 작업을 하기 위해 연구실을 세우기로 합니다. 누알란의 일행은 고향 마을을 본거지이자 휴식 장소로 삼고 있기 때문에, 연구실 역시 고향 근처에 있어야 합니다. 논의를 마친 후, 마스터는 캐릭터들이 누알란의 탑을 세우기 위해 마을 근처에 있는 물의 정령들을 소탕하고 이들의 소굴인 마을 근처의 낡은 풍차를 차지하는 모험을 짤막하게 준비합니다.*

풍차를 차지한 다음, 이제는 연구실을 차리기 위해 상당한 양의 돈을 투자해야 합니다. 물자 대부분은 남쪽의 대도시에서만 조달할 수 있습니다. 마스터는 캐릭터 일행이 남쪽으로 떠나 여러 상인과 거래를 해서 비커나 화로, 희귀한 약초, 그 외 연구실에 필요한 각종 장비와 도구를 획득하는 또 다른 모험을 준비하는 한편, 연구실을 짓는데 총 은화 3,000냥이 필요하다고 결정합니다. 매우 많은 양의 돈이지만, 해롤드는 지금까지 여러 차례 플레이하면서 자기 몫의 보물을 알뜰하게 모았습니다.

1레벨 의식

1단계 마력 부여 (지능)

유효 거리: 접촉
지속 시간: 순간
극복 판정: 없음

1단계 마력 부여는 마법사가 마법 물품에 마력을 부여하기 위해 처음으로 배우는 의식입니다. 마법사는 이 의식으로 작은 물품 하나를 영원히 마법 물품으로 만들 수 있지만, 그 밖의 다른 효과를 만들 수는 없습니다. 모든 마법 물품은 맨 먼저 이 의식을 거쳐야 합니다. 보통 1단계 마력 부여는 이후 더 강력한 물품을 만들기 위한 긴 과정 중 일부일 뿐입니다. 1단계 마력 부여를 받은 물품은 그 자체로 두 가지 유용한 장점이 있습니다: 무기로 사용한다면 비실체 괴물이나 마법적인 괴물에게 피해를 줄 수 있으며, 이 물품을 무척 소중한 귀중품인 것처럼 꾸며서 도둑들을 속일 수도 있습니다. 마법을 감지할 줄 아는 이들은 누구든지 1단계 마력 부여를 받은 물품에서 방출되는 마법의 힘을 느낍니다.

마법사는 앞서 설명한 대로 흔치 않은 재료를 가지고 연구실에서 작업하는 것만으로도 마법 물품을 만들 수 있습니다.

4레벨 의식

2단계 마력 부여 (지능)

유효 거리: 접촉
지속 시간: 순간
극복 판정: 없음

마법사는 이제 마법 물품에 사소하지만 유용한 힘을 부여할 수 있습니다. **2단계 마력 부여**는 **1단계 마력 부여**를 마친 물품에 사소한 힘 하나를 추가하는 의식입니다. 사소한 힘의 예: 명중과 피해에 +1 보너스, 용이나 흡혈귀 같은 특정한 적에게 두 배의 피해 주기, 명령어를 말하면 횃불 밝기의 빛이 켜지기, 특정한 극복 판정에 +2 보너스, 하루에 주문 하나를 추가로 외우는 반지나 매달 캐릭터에게 행운 점수 1점을 주는 부적처럼 캐릭터의 선천적 능력을 강화하기.

마법사는 연구실에서 마법 물품을 만드는 작업을 해야 할 뿐만 아니라, 마법 물품이 가질 힘에 어울리는 특별한 재료를 사용해야 합니다. 오거에게 추가 피해를 주는 도끼라면 오거 왕의 피가 필요하며, 길을 환하게 밝히는 지팡이라면 도깨비불의 정수가 필요합니다. 행운의 부적에는 목매달린 사람의 장화에서 뜯은 가죽 한 조각이 필요할 것입니다.

7레벨 의식

3단계 마력 부여 (지능)

유효 거리: 접촉
지속 시간: 순간
극복 판정: 없음

이 단계까지 마력을 부여한 마법 물품은 보통 전설적인 명성을 지녔으며, 수많은 모험가와 적들이 간절히 찾아 헤매는 보물입니다. 3단계 마력 부여는 이미 2단계 마력 부여를 거친 마법 물품에 상당한 힘 하나를 추가하는 의식입니다. 상당한 힘의 예: 명중과 피해에 +1 보너스, 용이나 흡혈귀 같은 특정한 적이 극복 판정을 실패하면 살해하기, 한 달에 한 번 체력 주사위가 5인 원소의 정령 소환하기, 모든 극복 판정에 +2 보너스, 하루에 한 번 실패한 주문 판정의 결과를 무시하게 하는 반지나, 매일 행운 점수 1점을 회복하게 하는 행운의 부적처럼 캐릭터의 선천적 능력을 크게 강화하기. 3단계 마력 부여로 얻는 명중과 피해, 그 외 다른 판정 보너스는 이전 단계의 의식으로 받는 보너스와 중복되지 않습니다.

마법 물품이 발휘하는 상당한 힘은 아무리 강해도 최대 5~6레벨 의식의 효과를 넘을 수 없습니다.

이 정도 힘의 마법 물품을 만들기 위해서는 마법 물품이 가질 힘에 어울리는 매우 희귀하고 특별한 재료가 필요합니다. 용을 죽이기 위한 강력한 화살은 바다 군주의 영역에서 순수한 물을 구해야 하며, 대마법사의 지팡이는 요정왕의 대장간에서 단련한 순수한 은을 박아 넣어야 합니다. 강력한 부적을 만들려면 전설적인 인물의 머릿속에서 그가 성공한 모든 일의 기억을 모두 훔쳐 와야 할 것입니다.

10레벨 의식

최종 단계 마력 부여 (지능)

유효 거리: 접촉
지속 시간: 순간
극복 판정: 없음

최종 단계 마력 부여를 사용할 수 있을 만큼 강력한 힘을 지닌 마법사는 드물며, 그중에서도 이처럼 위대한 마법 물품을 만들 기회를 손에 넣는 마법사는 더더욱 드뭅니다. 최종 단계까지 마력 부여를 받은 마법 물품은 위대한 불가사의 중 하나로 이름을 떨치며, 이전 단계까지 얻은 힘에 덧붙여 추가로 강력한 힘을 가집니다. 강력한 힘의 예: 명중과 피해에 +5 보너스, 하루에 한 번 특정한 정령을 한 세기 동안 인간 세계에서 추방하기, 모든 극복 판정에 +5 보너스, 망치로 두들기면 일식을 일으키거나 무시무시한 폭풍을 부르는 모루처럼 독특하면서도 놀라운 능력 발휘하기 등. 최종 단계 마력 부여로 얻는 명중과 피해, 그 외 다른 판정 보너스는 이전 단계의 의식으로 받는 보너스와 중복되지 않습니다.

최종 단계에 이른 마법 물품의 힘은 경외심을 불러일으킬 정도로 강력해야 합니다. 상상력을 마음껏 발휘하세요..

마지막으로, **최종 단계 마력 부여**를 받은 마법 물품은 아티팩트로 간주합니다.

최종 단계에 어울리는 의식 재료는 몇 번의 세션을 치르거나, 어쩌면 단편 캠페인을 진행할 만큼 가치가 있어야 합니다. 세계에서 가장 치명적인 마법의 강철창은 고대의 지혜로운 일곱 황제의 재가 필요할 것이며, 망자의 땅으로 통하는 관문을 여는 가마솥은 한 문명 전체의 종말이 필요할 것입니다.

마력을 부여한 물품 예시

아멜리아의 단검

악명 높은 정령 소환사인 마녀 아멜리아는 자기 뜻을 거역하는 부하들을 위협하기 위해 이 마법의 단검을 만들었습니다. 아멜리아의 단검은 특이한 모양의 은을 씌운 철제 단검입니다. 이 단검은 특별한 능력을 지니지는 않았지만, 비마법적인 무기에 영향을 받지 않는 영과 다른 생물들에게 피해를 줄 수 있습니다. 아멜리아의 단검은 **1단계 마력 부여**만 받았습니다.

위안의 브로치

곰의 얼굴이 새겨진 이 금색 핀은 아무 망토나 코트에 꼭 맞습니다. 위안의 브로치를 착용한 캐릭터의 옷은 평범한 상황에서 항상 따뜻하고 잘 말라 있습니다. 쏟아붓는 폭우 속에서는 캐릭터의 옷도 젖겠지만, 다른 일행보다는 훨씬 상태가 좋을 것입니다. 위안의 브로치를 착용한 캐릭터는 날씨나 물과 관련된 모든 극복 판정에 +2 보너스를 받습니다.

마법사 브레덴은 이 브로치를 만들기 위해 언덕 아래 일꾼들에게서 마법의 금을 샀고, **2단계 마력 부여**를 하기 위해 전설적인 사나운 곰 모르칸트의 가죽을 풀무의 불꽃 속에 불태웠습니다.

여행자의 갑옷

보통 갑옷은 여행하면서 입기에는 매우 거추장스럽고 힘들지만, 이 평범하게 보이는 사슬 갑옷은 누구든지 가볍고 편안하게 입을 수 있습니다. 여행자의 갑옷은 +2 사슬 갑옷이므로, 착용자는 총 +6 **장갑** 보너스를 받습니다. 또한 착용자는 여행하거나 잠을 자는 등 어떠한 상황에서도 이 갑옷을 매우 편안하고 꼭 맞는 옷처럼 입을 수 있습니다. 게다가, 이 갑옷을 입고 자는 캐릭터는 밤새 추가로 HP 2점을 회복합니다.

이 갑옷의 제작자인 여행자 아우렐리우스는 어느 옛 제국의 위대한 장군에게 선물로 이 갑옷을 주었습니다. 여행자의 갑옷은 피정복민들이 섬기던 옛 신의 석상 잔해를 녹

여서 만들었습니다. 아우렐리우스는 **2단계 마력 부여**를 할 때 여러 영웅의 부서진 방패 조각들을 모아 갑옷에 추가 **장갑** 보너스를 부여했으며, **3단계 마력 부여**를 할 때는 잠과 꿈을 관장하는 강력한 영의 숨결을 얻어서 갑옷에 또 다른 마법적인 힘을 부여했습니다.

달인의 지팡이

달인의 지팡이는 먼 과거에 누구와도 견줄 수 없는 어느 무시무시한 요술사가 말년에 만든 마법 물품입니다. 이 지팡이는 7피트 (2.1m) 길이의 울퉁불퉁하고 비틀린 주목으로 만들었으며, 끝부분에는 투명하지만 삐죽삐죽한 수정이 달려 있습니다.

달인의 지팡이는 다양한 마법의 힘을 발휘합니다. 먼저, 지팡이의 주인은 하루에 한 번 모닥불 크기의 불꽃에 지팡이를 찔러 넣고 명령어를 말하는 것만으로 불을 끌 수 있습니다. 두 번째로, 지팡이의 주인은 모든 종류의 극복 판정에 +2 보너스를 받습니다. 마지막으로, 지팡이의 주인은 혼돈의 차원이나 요정의 세계, 또는 원소의 차원 등 어느 차원으로 통하는 관문이든 가볍게 두들겨서 열 수 있습니다. 비록 이 지팡이로는 새로운 관문을 만들 수는 없지만, 원래 있는 관문이라면 얼마나 잘 숨겨졌든, 얼마나 잘 보호되었든, 얼마나 오래되었든 상관없이 열 수 있습니다. 달인의 지팡이는 아티팩트입니다.

달인은 벼락을 세 번 맞은 주목으로 이 지팡이를 만들었습니다. 2단계 마력 부여에는 남방의 불꽃 교단이 사용하던 화로를 사용했으며, 3단계 마력 부여에는 용의 비늘을 사용했습니다. 최종 단계 마력 부여 때는 혼돈의 차원에 거주하는 어느 강력한 군주의 피와 진실한 이름으로 마력을 불어넣었습니다.

마법 물품 파괴하기

마력 부여 의식은 의식이 완성되는 즉시 마력을 물품에 불어넣기 때문에 지속 시간이 '순간'이며, 마법사는 이제 마법 물품에 불어넣은 마력과는 아무 관계가 없게 됩니다. 즉, 마력 부여 의식은 완성된 이후에는 효과를 없앨 수 없습니다. 그러나 울타리 너머, 또 다른 모험으로 '주문과 마법' 장의 p.63에서 설명한 대로, ***마법 무효화*** *의식의 유효 거리 안에 있는 모든 마법 물품은 50% 확률로 마법적 성질을 잃습니다.*

모든 마법 물품은 믿을 수 없을 정도로 튼튼하기 때문에 평범하게 닳거나 손상되지 않습니다. 마법 물품의 파괴는 특별한 재료를 동원하거나, 특정 장소에서 실시해야 하는 매우 어려운 일입니다. 아티팩트는 머나먼 화산의 정상으로 올라가서 분화구 속으로 던지는 등의 가장 극단적인 방법을 쓰지 않는 한 어떠한 수단으로도 부술 수 없습니다.

마법 다시 보기

장기 캠페인에서는 마법에 특별한 관심을 기울여야 합니다. 마법사는 플레이어들이 게임 세계를 보는 관점과 여행하는 방식을 바꿀 능력을 가진 강력한 캐릭터입니다. 이번 장은 이러한 부분을 일부 고려하여 여러분의 캠페인에서 사용할 수 있는 여러 가지 새로운 의식을 소개합니다. 새로운 의식 중 상당수는 ***머나먼 곳으로***에서 소개한 위험요소나 장소, 여행 규칙과 밀접한 관계가 있기 때문에, 여러분의 캠페인에서 이러한 요소를 넣지 않는다면 큰 효용이 없을지도 모릅니다. 하지만 몇몇 의식은 어느 게임에서도 유용하게 사용할 수 있습니다.

새로운 마법 배우기

새로운 주술과 의식을 배우는 기본적인 규칙은 ***울타리 너머, 또 다른 모험으로*** '핵심 규칙' 장 p.28~29에서 설명합니다. 캠페인이 진행되는 동안, 마법사는 두 가지 방식으로 새로운 주문을 배울 수 있습니다: 스승을 찾거나, 주문책을 연구해야 합니다.

마법을 가르쳐 줄 스승은 매우 찾기 어려워야 합니다. 비록 캠페인에 따라 달라질 수는 있지만, ***울타리 너머***에서는 마법을 쓸 줄 아는 사람이나 괴물이 무척 드물며, 그중 대다수는 세상에 나서기를 좋아하지 않는다고 상정하고 있습니다. 캐릭터가 어찌어찌 마법을 가르쳐 줄 스승을 찾는다고 하더라도, 상대가 선뜻 마법을 가르쳐 줄 가능성은 작습니다. 스승 대부분은 캐릭터가 믿을 만한 사람임을 증명하고 자기 지식을 스승과 나눌 의향을 보여주거나, 커다란 업적을 세웠을 때 그 보상으로 마법을 가르쳐줄 것입니다. 양쪽 모두 캐릭터에게 모험으로 뛰어들 동기를 주기 때문에, 게임 플레이 측면에서 매우 흥미진진한 선택이 될 수 있습니다.

반대로, 명성을 떨치고 레벨을 높인 마법사 주변에는 주술이나 의식을 가르쳐 달라면서 얼쩡대는 성가신 제자 지망생이나 구경꾼이 꼬일 수도 있다는 점을 명심하세요.

캐릭터는 아마도 모험 도중에 실제 책이나 종교 석판, 또는 기념비에 새겨진 문구 등 마법서를 발견해서 새로운 마법을 배울 가능성이 더 클 것입니다. 주술 두어 개나 의식 한 개가 적힌 마법서는 마법의 검만큼이나 가치가 있는 귀한 보물입니다. 마스터는 NPC와 모험 장소를 준비할 때 이 점을 염두에 두세요.

저희는 마법사가 처음 캔트립과 주술, 의식을 배운 다음부터 레벨마다 새로운 주술과 의식을 각각 1~3개씩 얻을 수 있게 할 것을 권장합니다. 단순히 마법사가 레벨을 올릴 때마다 선물 주듯이 주지 마세요. 새로운 마법은 여러 모험을 거치면서 조금씩 습득해야 합니다. 이 과정은 플레이하면서 자연스럽게 이루어질 것입니다. 단순히 마법사가 새 주문을 배운 지 좀 오래 됐다고 해서 보물 더미 사이에 부자연스럽게 마법서를 끼워 넣지 마세요. 마법사가 새 주문을 배우고 싶어 한다면, 직접 찾아 나서게 하세요. 이는 플레이어를 적극적으로 나서도록 촉진하고, 모험을 흥미진진하게 만들 수 있습니다.

의식 재료

시나리오 꾸러미를 사용해서 단편 플레이를 할 때, 마법사는 의식을 아예 쓰지 않거나, 기껏해야 한두 번 쓸 것입니다. 단편 플레이에서는 이와 같은 강력한 마법을 사용하기 위해 필요한 시간도, 재료도 부족하기 때문입니다.

하지만 장기 캠페인에서는 마법사가 강력한 의식을 훨씬 많이 쓸 수 있을 것입니다. 다시 한번 강조하지만, 강력한 의식은 캐릭터에게 모험을 나서도록 자극하는 기회가 될 수 있습니다. 높은 레벨의 의식에 필요한 재료를 찾고, 이러한 강력한 마법을 쓴 결과 벌어지는 일을 풀어나가는 과정 자체가 여러 세션에 걸친 플레이로 이어지기 때문입니다.

각 의식에서 설명한 재료나 의식 과정은 예시일 뿐이라는 사실을 명심하세요. 마법사들이 얼마나 특이한 사람인지는 다들 아는 사실입니다. 분명 의식을 치르는 다양한 방식과 재료를 발견하거나 고안했을 가능성이 큽니다. 마스터와 플레이어, 그리고 테이블 전원은 어떤 방법과 재료를 사용해야 적절하게 의식을 치를 수 있을지 다 함께 논의해야 합니다. 일부 캐릭터들은 해당 의식에서 설명하는 대로 의식을 치르기에는 차마 양심이 허락하지 않을 수도 있습니다. 얼마든지 더 나은 방법을 찾기 위해 노력하세요.

마지막으로, 일부 의식 재료가 은화로 가격이 매겨졌다는 점을 명심하세요. 가격이 있다고 해서 이런 재료를 반드시 시장에서 살 수 있다는 의미는 아닙니다. 보통 그 의식을 치를 때는 귀중한 원료로 만든 평범한 물품이 필요하기 때문입니다. 하지만 시시한 보석이라고 하더라도 얼마든지 전체 모험의 목표로 삼을 수 있습니다. 보석을 얻기 위해 오거의 보물 창고를 습격할 수도 있고, 각종 이국적인 상품을 파는 먼 도시로 떠날 수도 있으니까요. 의식 재료의 가격은 단순히 마스터가 지침으로 활용할 수 있도록 대략 붙여진 가치일 뿐입니다.

1레벨 의식

평안한 날씨 (지능)

유효 거리: 장거리
지속 시간: 1주
극복 판정: 없음
많은 날씨 마녀와 방랑 마법사들이 여행을 떠나기 전에 이 의식을 치르곤 합니다. 평안한 날씨는 마법사와 친구들이 적당한 기상 조건에서 여행할 수 있도록 보장하는 주문입니다. 어쩌면 여행 중에 비가 내릴 수도 있고, 한여름에 불편할 정도로 더워질 수도 있겠지만, 한 치 앞도 안 보이는 폭우나 폭설, 지독한 더위 같은 악천후로 바뀌지는 않을 것입니다. 의식의 지속 시간 동안 날씨 때문에 일행이 겪는 조우의 결과는 무시합니다.

의식을 치르려면, 여행 전날에 작은 인간 인형을 만들어 태우거나, 나무로 여행자의 형상을 새기거나, 하늘의 요정들에게 적은 양의 고기를 남기는 등 날씨의 원소들에게 공물을 바쳐야 합니다.

작명 의식 (지혜)

유효 거리: 접촉
지속 시간: 순간
극복 판정: 없음
작명 의식을 터득한 마법사는 이름을 받기를 원하는 대상 한 명에게 진실한 이름을 줄 수 있습니다. 이 이름은 커다란 축복이 될 수도 있고, 끔찍한 저주가 될 수도 있습니다. 여러 인간 부족과 국가에서는 아이가 성년이 될 때 이 의식을 치릅니다. 이미 진실한 이름을 가졌거나 이름을 원하지 않는 상대에게는 의식의 효과가 없습니다.

만약 의식이 실패하면 상대는 자신이 받은 진실한 이름을 알지 못합니다. 혹은, 마법의 힘 때문에 모든 마을 사람들에게 자신의 진실한 이름이 들키는 더 나쁜 결과를 마주칩니다. 친절한 마법사는 상대가 이런 끔찍한 운명을 피할 수 있도록 행운 점수를 사용합니다.

이 흔치 않은 의식에는 특별한 재료가 필요하지는 않지만, 반드시 성스럽거나 마법의 힘이 깃든 중요한 장소에서 의식을 치러야 합니다. 보통 마을이나 도시 안팎에는 이런 장소가 있습니다. 마법사와 이름을 받을 상대는 이 장소에서 아무런 방해나 간섭을 받지 않고 한 시간을 보내야 합니다. 한 시간 동안 명상이나 기도를 한 다음 두 사람이 함께 장소를 나오면, 그때부터 상대는 진실한 이름을 가집니다.

방랑자의 운 (지능)

유효 거리: 자신
지속 시간: 1일/레벨
극복 판정: 없음
이 의식을 치른 마법사는 초자연적인 감각과 행운을 얻어 여행 동안 자신이 지나치는 칸에서 찾아 헤매던 장소를 우연히 발견합니다. 즉, 마법사와 일행은 눈에 안 띄는 장소를 찾기 위해 해당 칸을 탐사할 필요가 없습니다. 마법사가 일행을 그 위치로 자연스레 안내할 테니까요. 마법사는 반드시 해당 장소가 존재한다는 사실을 알아야 하며, 그 장소를 찾겠다고 마음먹어야 합니다. 방랑자의 운은 마법사가 전혀 모르는 장소를 찾는 데에 아무런 도움이 되지 않습니다.

마법사는 의식의 지속 시간 동안 자신을 이끌어 줄 특별한 물품을 지니고 있어야 합니다. 이 물품은 나침반이나 자철석, 점 지팡이 등 마법사에 따라서 다를 수 있습니다. 사용한 물품은 의식이 끝나도 파괴되지 않기 때문에, 이후 다시 의식에 사용할 수 있습니다.

2레벨 의식

정화 의식 (지혜)

유효 거리: 접촉
지속 시간: 순간
극복 판정: 없음
이 세상에는 캐릭터들에게 심각한 피해를 주는 위험이 많이 있습니다. 그중 일부는 캐릭터의 능력치를 고갈시킵니다. 정화 의식은 능력치 감소 효과를 되돌려서 캐릭터를 원래 상태로 회복시킵니다. 또한, 이 주문의 대상은 자연적인 독이나 질병에서도 벗어납니다. 다만 잃어버린 HP를 치료할 수는 없습니다.

마법사는 주문 대상에게 기름을 바른 후, 귀한 잉크로 룬과 주문을 그립니다. 이런 기름과 잉크는 대도시의 커다란 시장에서 은화 50냥 이상의 가격으로 살 수 있습니다. 만약 의식 재료를 살 수 없다면, 훨씬 고된 작업을 거쳐서 직접 만들어야 합니다.

인내의 말 (지능)

유효 거리: 자신
지속 시간: 영구
극복 판정: 없음
인내의 말은 다른 의식의 힘을 저장해 두었다가 원하는 때에 방출하는 복잡하고 위험한 의식입니다. 마법사는 반드시 **인내의 말**과 자신이 저장할 다른 의식을 한꺼번에 치러야 하며, 두 의식에 필요한 재료를 함께 준비해야 합니다. 우선 마법사는 **인내의 말**을 완성하면서 원래대로 의식 판

정을 합니다. 하지만 저장할 의식을 완성할 때에는 판정하지 않으며, 이후 명령어를 읊으면서 저장한 힘을 방출할 때 의식 판정을 합니다. 마법사는 자신의 **지능** 보너스 수치와 같은 수의 의식을 저장할 수 있습니다.

이처럼 강력한 마법을 저장하는 것은 매우 위험합니다. 만약 마법사가 의식의 힘을 저장해둔 동안 다른 의식이나 캔트립 판정에 실패하면, 마법사가 원하든 원하지 않든 저장해 두었던 힘이 자동으로 방출됩니다.

마법사는 저장할 다른 의식의 힘을 모아두는 특별한 막대를 만들어야 합니다. 이 막대는 힘을 방출할 때 파괴됩니다. 막대의 재료와 모양은 저장할 의식에 따라 정해집니다.

여행자의 축복 (지혜)

유효 거리: 근거리
지속 시간: 1일/레벨
극복 판정: 없음
여행자의 축복은 힘든 여정을 나서기 전에 마법사 자신과 일행을 축복하는 의식입니다. 의식의 지속 시간 동안, 마법사의 일행은 지도 위에서 조우가 벌어질 경우 굴리는 능력치 판정에 +2 보너스를 받습니다.

이 의식에는 기사의 말이 신던 철제 편자가 필요합니다. 마법사는 여행을 떠나기 전 편자를 묻었다가, 전통에 따라서 여행을 마치고 돌아오는 길에 편자를 다시 꺼내 집에 가져다 놓아야 합니다. 전설에 따르면 편자를 되찾지 못한 마법사에게는 불행이 닥친다고 합니다.

3레벨 의식

곰의 지구력 (지혜)

유효 거리: 근거리
지속 시간: 1주/레벨
극복 판정: 없음
곰의 지구력을 터득한 마법사는 커다란 위험 앞에서도 여정을 계속 이어갈 수 있도록 일행을 튼튼하고 강하게 만들 수 있습니다.

이 의식은 두 가지 효과가 있습니다. 우선, 마법사와 일행은 의식의 지속 시간 동안 모든 **건강** 판정에 +2 보너스를 받습니다. 둘째로, 마법사와 일행은 잠을 잘 때 원래보다 HP를 1점씩 더 회복합니다. 즉, 야영지에서 평범하게 잔다면 HP 1점을, 보초를 서지 않고 밤새 잔다면 2점을, 더 편

하게 잔다면 더 많이 회복할 수 있습니다. 제대로 휴식을 취하지 않은 캐릭터는 여전히 HP를 회복할 수 없습니다.

이 의식을 치르는 마법사는 여행을 떠나기 전날 일행에게 잔치를 베풀어야 합니다. 피고용인이나 동료, 짐 운반용 동물을 포함해서 여행을 떠날 이들은 누구든지 모두 잔치에 참여해야 합니다. 이 잔치는 참석자당 최소 은화 5냥이 드는, 최고급 음식과 술이 차려진 매우 호화로운 연회입니다. 잔치 동안 마법사는 자신이 사냥에 나서서 직접 죽인 곰 가죽 위에 앉습니다.

두루마리 기록 (지능)

유효 거리: 접촉
지속 시간: 영구
극복 판정: 없음
두루마리 기록은 다른 의식 하나를 마법의 두루마리에 기록하는 의식입니다. 두루마리에 내용을 적는 동안 마법사는 **두루마리 기록**과 두루마리에 기록할 의식을 한꺼번에 치러야 하며, 두 의식에 필요한 재료를 함께 준비해야 합니다. 만약 어느 한쪽이라도 의식 판정에 실패하면, 두루마리에는 불완전하고 효과를 예측할 수 없는 의식이 보관됩니다.

의식이 완성되면, 글을 읽을 수 있는 캐릭터는 두루마리를 읽어서 의식의 효과를 발휘할 수 있습니다. 두루마리를 읽는 데에는 (기록된 의식 레벨 x 라운드) 만큼의 시간이 듭니다. 즉, 5레벨 의식이 기록된 두루마리를 읽는 데에는 5라운드가 걸립니다. 만약 다른 사람이 만든 마법 두루마리를 읽는다면 **지능** 판정을 해야 합니다. 만약 판정에 성공하면 의식 판정에 실패한 것처럼 잘못된 효과가 발휘됩니다. 실패한 의식은 원래 의도했던 효과와는 어딘가 다르고 제어할 수 없는 방식으로 효과가 발휘된다는 사실을 명심하세요. 판정에 성공하든 실패하든 두루마리는 사용 후 파괴됩니다.

두루마리 기록에는 필기에 필요한 도구와 각종 마법의 잉크 및 깃펜이 필요합니다. 얼마나 귀한 잉크와 깃펜을 사용할지는 두루마리 안에 기록할 의식에 따라 정해집니다. 이처럼 귀한 잉크와 깃펜을 파는 장소가 정말로 있다면, 기록할 의식의 레벨 당 은화 200냥의 가격을 부를 것입니다. 많은 마법사는 이런 두루마리를 만들 재료를 구하기 위해 위험한 여정을 떠나야 할 것입니다.

유대 다지기 (지능)

유효 거리: 접촉
지속 시간: 순간
극복 판정: 없음
유대 다지기는 마법사와 패밀리어의 유대감을 더욱 강력하게 하면서, 양쪽 모두에게 큰 혜택을 주는 의식입니다. **유대 다지기**를 하려면 마법사는 1레벨 의식인 **패밀리어 엮기**로 얻은 패밀리어와 1년 동안 함께 지내면서 관계를 튼튼하게 다졌어야 합니다. 같은 패밀리어와의 **유대 다지기**는 단 한 번만 가능합니다.

의식이 완성되면, 마법사는 다음 혜택 중 하나를 선택합니다:

• 마법사와 패밀리어의 물리적 유대가 더 강해집니다. 둘은 각각 HP 2점이 늘어나며, 패밀리어는 전투에서 더 강해져서 명중에 +1 보너스를 받고 피해가 1d4점 늘어납니다.

• 마법사와 패밀리어의 마법적 유대가 더 강해집니다. 마법사는 "패밀리어를 통해" 자신이 아는 주술이나 캔트립 하나를 사용할 수 있습니다. 즉, 해당 주문의 유효 거리나 시선, 그 외의 고려 사항을 정할 때 패밀리어를 기준으로 삼을 수 있습니다.

• 마법사와 패밀리어의 정서적 유대가 더 강해집니다. 마법사가 패밀리어의 감각을 사용할 수 있는 유효 거리는 1마일까지 (1.6km) 넓어지며, 마법사는 같은 거리 내에서 패밀리어와 정신적으로 상호소통을 할 수 있습니다.

어떤 마법사들은 자신의 패밀리어가 이 의식을 가르쳐 주었고, 함께 의식을 치렀다고 말합니다. 이 이야기가 사실이든 아니든, **유대 다지기**를 할 때는 반드시 패밀리어도 같이 있어야 합니다. 마법사는 **패밀리어 엮기**를 치를 때와 마찬가지로 희귀하고 향이 강한 약초를 태워야 합니다. 의식이 완성되면, 마법사는 일주일 동안 어떠한 모험에도 참여하지 않은 채 패밀리어와 유대를 다져야 합니다.

4레벨 의식

강력한 환상 (지능)

유효 거리: 근거
지속 시간: 집중
극복 판정: 실시

강력한 환상은 ***울타리 너머, 또 다른 모험으로*** p.49에서 설명한 **고급 환상**과 효과가 같지만, 크기가 훨씬 크며 더 많은 행동을 할 수 있습니다. 예를 들어 마법사는 **강력한 환상**으로 병사 수백 명이나 거대한 용처럼 강력한 괴물 한 마리의 환영을 만들고 조종할 수 있습니다. 이 환영은 말을 할 줄 알며, 마법사의 명령을 받지 않고도 어느 정도 독자적인 행동을 할 수 있습니다. 예를 들어 환영으로 만든 군인들은 마법사의 직접적인 명령 없이는 행진하지 않겠지만, 주위를 서성이거나, 주사위 놀이를 하거나, 환상 속 식량을 먹을 것입니다. 환영은 마법사의 집중이 깨질 때까지 계속 남아 있습니다. 환영을 보는 이들은 환영이 진짜가 아니라고 믿을 만한 이유가 있다면 주문 극복 판정을 할 수 있습니다. 판정에 성공하면 환영이 그저 공허한 영상이라는 사실을 알아차립니다.

마법사는 자신이 만들려는 환영과 직접 연관이 있는 의식 재료를 준비해야 합니다. 만약 소규모 군대의 환영을 만들려면 검 한 자루와 사슬 갑옷 한 벌이면 충분합니다. 하지만 용이나 악마의 환영을 만들려면 훨씬 귀한 재료가 필요하며 구하기도 더 어려울 것입니다.

숲의 형상 (지혜)

유효 거리: 자신
지속 시간: 특별
극복 판정: 없음

마법사는 이 의식으로 떡갈나무처럼 크고 튼튼한 나무로 변신할 수 있습니다. 나무가 된 마법사는 웬만한 피해에는 끄떡도 하지 않으며, 날씨나 토양이 유난히 나쁘지 않은 한 다른 나무들처럼 땅에서 직접 영양분을 섭취합니다. 또한, 마법사는 주변의 자연환경을 속속들이 파악하게 되어서 인간의 형태로 돌아갈 때 반경 20마일 (32km) 안에 있는 모든 흥미로운 장소를 알게 됩니다. 마지막으로, 마법사는 나무가 되어 있는 동안 주변 나무들과 대화를 나누어서 나무들이 알고 있는 정보를 배울 수 있습니다. 비록 나무들이 중요하게 생각하는 정보는 인간들과 다를 수도 있다는 점을 염두에 두어야 하지만 말입니다.

다른 대다수 의식과는 달리 **숲의 형상**은 지속 시간이 최소 일주일입니다. 마법사는 지속 시간이 지나도 원하는 만큼 나무로 남을 수 있고, 그동안은 나무처럼 천천히 나이를 먹습니다. 하지만 여기에는 위험이 따릅니다. 마법사는 나무로 살아가는 1년마다, **매력** 판정을 해서 실패하면 자아를 잊고 영원히 나무로 남아야 합니다. 오직 더욱 강력한 마법으로만 마법사를 깨워서 회복시킬 수 있습니다.

숲의 형상은 아무 의식 재료가 필요 없다는 점에서도 무척 특이한 의식입니다. 그 대신, 마법사는 자신이 한 몸이 될 땅에서 최소한 네 시간을 거닐면서 이후 친구가 될 나무들과 대화를 나누어야 합니다. 만약 이 시간 동안 집중에 방해를 받는다면, 의식을 완성할 수 없습니다.

마법사의 전쟁 (지능)

유효 거리: 접촉
지속 시간: 1일
극복 판정: 없음

전쟁 마법사는 전투 전날 밤, 자신이나 아군 중 하나에게 위험한 적과 맞서 싸울 수 있도록 이 의식을 치릅니다. 의식의 지속 시간 동안 주문 대상 한 명은 모든 명중과 피해, 장갑, 극복 판정에 +1 보너스를 받습니다. 또한 주문 대상의 모든 공격은 마법적인 공격으로 간주하여 평범한 공격에 피해를 받지 않는 괴물에게도 피해를 줄 수 있습니다.

이 의식을 사용하려면 주문 대상의 오른손에 값비싼 금색 은색 잉크로 정교한 룬을 그려야 합니다. 그리고 의식의 마지막 단계에서 주문 대상은 미스릴 사슬 갑옷의 사슬 한 조각을 삼킵니다.

5레벨 의식

마법사의 시야 (지능)

유효 거리: 자신
지속 시간: 1일
극복 판정: 가능

마법사는 진실과 명료함을 관장하는 마력의 단어를 읊어서 보통 사람들이 볼 수 없는 세계를 볼 수 있습니다. 의식의 지속 시간 동안 마법사는 캔트립 **영혼 시야**와 주술 **본성 감지**를 사용한 것으로 간주하여 모든 영을 볼 수 있고, 상대가 어떤 가치관을 지녔는지, 초자연적 생물의 지배를 받는지 등을 확인할 수 있습니다. 또한 마법사는 모든 환상을 꿰뚫어 볼 수 있으며, 투명하거나 실체가 없는 존재를 인지할 수 있습니다. 마법사의 눈에 들어온 상대는 주문 극복 판정을 해서 성공하면 자신의 가치관이나 초자연적 본성을 감출 수 있지만, 투명한 상대는 자신을 숨기지 못합니다.

하지만 이 강력한 마법에도 부작용은 있습니다. 의식의 지속 시간 동안 마법사의 감각은 지나치게 예민해지기 때문에, 모든 판정에 -2 페널티를 받습니다.

의식을 치를 때, 마법사는 한 번도 입지 않고 염색하지도 않은 아마포로 만든 깨끗한 로브를 입어야 하며, 사람 주먹만 한 크기의 수정 덩어리를 준비해야 합니다. 의식을 진행하는 동안, 평상시에 사람의 눈을 가리던 모든 그림자가 수정구에 흡수됩니다. 그림자를 흡수한 수정구는 탁한 색깔로 바뀌고 매우 무거워집니다.

강력한 유대 (지능)

유효 거리: 접촉
지속 시간: 순간
극복 판정: 없음
강력한 유대는 3레벨 의식인 **유대 다지기**를 좀 더 강화한 의식입니다. 이 의식을 치르기 위해 마법사와 패밀리어는 이미 **유대 다지기**를 치른 후 한 해 이상을 함께 지냈어야 합니다. 의식이 완성되면, 마법사는 **유대 다지기**에서 설명한 p.60의 혜택 중 하나를 선택합니다. 마법사는 이전에 받은 혜택을 "중복" 선택해서 효과를 강화할 수도 있습니다. 만약 마법사가 정서적 유대를 다시 한번 강화한다면, 패밀리어의 감각을 사용하는 유효 거리가 5마일로(8km) 늘어납니다.

마법사는 다른 패밀리어 관련 의식과 마찬가지로 희귀하고 향이 강한 약초를 태워야 하며, 의식을 치르는 동안 패밀리어와 함께 있어야 합니다. 의식이 완성되면, 마법사는 일주일 동안 어떠한 모험에도 참여하지 않은 채 패밀리어와 유대를 다져야 합니다. 물론 이 의식 역시 같은 패밀리어와는 단 한 번만 가능합니다.

마녀의 축복 (지혜)

유효 거리: 장거리
지속 시간: 1년
극복 판정: 없음
친절하고 강력한 마녀가 사는 마을의 사람들은 대다수 농부들처럼 기근이나 가뭄을 두려워하지 않습니다. **마녀의 축복**은 최대 1,000명이 사는 인간 거주지 한 곳을 대상으로 합니다. 의식의 지속 시간 동안 이 마을의 논밭과 정원에서는 어떠한 상황에서도 훌륭한 농작물을 거둘 수 있습니다. 오직 마법적인 날씨나 저주만이 농작물에 영향을 줄 수 있습니다.

이 의식을 치를 때, 마법사는 반드시 마을 사람 중 일곱 명을 대표로서 마법에 참석시켜야 하며, 대지의 정령에게 적절한 희생을 바쳐야 합니다. 희생의 성질은 마을의 풍습과 전통에 따라 달라지지만, 가축 떼를 모두 잃거나, 마을에 있는 모든 무기를 파괴하거나, 심지어 남성 군주 한 명을 죽이는 등 항상 값비싼 대가여야 합니다.

6레벨 의식

완전한 회복 (지혜)

유효 거리: 접촉
지속 시간: 순간
극복 판정: 없음
마법사는 상냥한 말과 마법적인 손길로, 주문 대상이 받은 피해와 병, 독, 그리고 저주를 모두 치유합니다. 심지어 마법적인 고통이나 독 역시 이 의식으로 치료할 수 있습니다. 상대는 의식을 치르는 밤 동안 잠을 자야 하며, 깨어나면 완벽한 **건강** 상태로 HP를 모두 치료합니다.

마법사는 치료소의 붕대나 담요처럼 병자를 돌보는 데 사용한 아마포로 주문 대상을 감쌉니다. 긴 의식이 끝난 다음, 주문 대상은 아무런 방해도 받지 않고 푹 자야 합니다.

돌의 형상 (지혜)

유효 거리: 자신
지속 시간: 축복
극복 판정: 없음

돌의 형상은 4레벨 의식인 **숲의 형상**처럼 마법사를 단단한 바위로 바꾸는 강력한 의식입니다. 바위가 된 마법사는 일반적인 방식으로 아무런 피해를 받지 않습니다. 또한, 마법사는 주변의 자연환경을 속속들이 파악하게 되어서 인간의 형태로 돌아갈 때 반경 20마일 (32km) 안에 있는 모든 흥미로운 장소를 알게 됩니다.

다른 대다수 의식과는 달리 **돌의 형상**은 지속 시간이 최소 일주일입니다. 마법사는 지속 시간이 지나도 원하는 만큼 바위로 남을 수 있고, 그동안은 언덕처럼 나이를 아예 먹지 않습니다. 하지만 여기에는 위험이 따릅니다. 마법사는 바위로 살아가는 1년마다, **매력** 판정을 해서 실패하면 자아를 잊고 영원히 바위로 남아야 합니다. 오직 더욱 강력한 마법으로만 마법사를 깨워서 회복시킬 수 있습니다.

돌의 형상은 아무 의식 재료가 필요 없다는 점에서도 무척 특이한 의식입니다. 그 대신, 마법사는 자신이 한 몸이 될 암반이나 대지 위에서 여섯 시간 동안 명상에 들어가야 합니다. 만약 이 시간 동안 집중에 방해를 받는다면, 의식을 완성할 수 없습니다.

마법사의 책 (지능)

유효 거리: 접촉
지속 시간: 영구
극복 판정: 없음

마법사는 질투가 많고 비밀스럽기로 악명높습니다. 비록 많은 마법사가 제자를 가르칠 목적으로, 또는 나중에 다시 복습할 목적으로 자신이 아는 마법을 기록하기를 원하지만, 동시에 경쟁자가 자신의 비법을 훔칠까 봐 두려워합니다. **마법사의 책**은 주문서를 지키기 위해 다른 사람이 책을 읽지 못하게 하거나, 읽을 때 위험에 빠지도록 만드는 의식입니다. 이 마법이 걸린 책은 책에 담긴 주문을 지키기 위한 효과를 발휘할 것입니다. 예: 다른 사람이 읽었을 때 아무런 뜻도 없는 횡설수설한 글처럼 보일 수도 있습니다. 또는 위험한 주술이나 의식 하나를 일부러 부정확하게 소개할 것입니다. 또는 마법사가 책에 걸어 놓은 다른 주문이 부주의한 독자를 노릴 것입니다. 이 주문은 자동으로 발동이 되어서 이 책을 읽는 독자를 목표로 삼습니다. **마법사의 책**을 읽으려면 미리 지정한 명령어를 말하거나, 마법사에게 직접 인정을 받아야 할 것입니다. GM과 플레이어는 마법이 걸린 책에 어떤 효과가 있으며, 어떻게 읽을 수 있을지 직접 세부사항을 정하세요. 이 의식에는 흔치 않은 고급 책을 만드는 재료가 필요합니다. 각 주문서는 마법사의 개인적 취향이 깊이 반영되어 있으며, 언제나 기이합니다. 어떤 주문서는 마법 생물의 가죽을 책 표지로 썼고, 또 어떤 주문서는 은색 잉크로 글이 쓰여 있습니다. 어떤 주문서든 최소 은화 5,000냥 이상의 값비싼 재료를 써야 합니다.

7레벨 의식

주인의 유대 (지능)

유효 거리: 접촉
지속 시간: 순간
극복 판정: 없음

주인의 유대는 3레벨 의식인 **유대 강화**와 5레벨 의식인 **강력한 유대**를 더욱 강화한 의식입니다. 이 의식을 치르기 위해 마법사와 패밀리어는 이미 **유대 다지기**와 **강력한 유대**를 치른 후 한 해 이상을 함께 지냈어야 합니다. 의식이 완성되면, 마법사는 p.60의 **유대 다지기**에서 설명한 혜택 중 하나를 선택합니다. 마법사는 이전에 받은 혜택을 “중복” 선택해서 효과를 강화할 수도 있습니다. 만약 마법사가 정서적 유대를 다시 한번 강화한다면, 패밀리어의 감각을 사용하는 유효 거리가 5마일로 (8km) 늘어납니다. 만약 정서적 유대를 두 번 강화했다면, 패밀리어의 감각을 사용하는 유효 거리가 10마일 (16km), 즉 지도 한 칸으로 늘어납니다.

마법사는 다른 패밀리어 관련 의식과 마찬가지로 희귀하고 향이 강한 약초를 태워야 하며, 의식을 치르는 동안 패밀리어와 함께 있어야 합니다. 의식이 완성되면, 마법사는 일주일 동안 어떠한 모험에도 참여하지 않은 채 패밀리어와 유대를 다져야 합니다. 물론 이 의식 역시 같은 패밀리어와는 단 한 번만 가능합니다.

불꽃의 벽 (지능)

유효 거리: 장거리
지속 시간: 1개월
극복 판정: 없음

불꽃의 벽은 20피트 (6m) 높이에 2피트 (0.6m) 두께인 불꽃의 벽을 소환하는 강력한 의식입니다. 벽의 길이는 3마일까지 (4.8km) 늘릴 수 있으며, 마법사는 직선으로 벽을 세우거나 특정 구역을 벽으로 둘러쌓을 수 있습니다. 벽을 통과하려는 대상은 2d6점의 피해를 받으며, 마법사의 레벨마다 피해가 2점씩 늘어납니다. 벽에 몇 피트 내로 접근하는 상대 역시 열기 때문에 1d4점의 피해를 받습니다. 벽은 아무 연료 없이도 지속 시간 동안 계속 불타겠지만, 만약 의식을 치를 때 근처에 발화성 물질이 있다면 불이 붙을 것입니다.

이 같은 무시무시한 마법을 쓰려면 무척 강력한 연료를 활용해야 합니다. 마법사는 **불꽃의 벽**을 세우기 위해 ***울타리 너머 또 다른 모험으로*** '괴물도감' 장 p.88~89에서 소개한 불의 원소 몇 마리를 손에 넣어야 합니다. 이 의식에는 불의 원소의 체력 주사위가 최소 10 이상 필요합니다. 의식에 사용된 원소들은 의식이 완성되면 영원히 꺼집니다. 전설에 따르면 **불꽃의 벽** 근처에서는 원소들의 절규를 들을 수 있으며, 이들의 진실한 이름은 의식이 완성될 때 모든 존재의 정신과 기록에서 사라진다고 합니다.

진실의 말 (지혜)

유효 거리: 자신
지속 시간: 1주일
극복 판정: 실시
진실의 말을 사용한 마법사를 속이기는 불가능에 가깝습니다. 마법사에게 거짓말을 하려는 상대는 주문 극복 판정을 해서 실패하면, 거짓말을 할 수 없습니다. 물론, 이 마법은 너무나도 강력한 나머지 마법사 자신도 지속 시간 동안 거짓말을 할 수 없게 됩니다.

의식을 진행하면서, 마법사는 반드시 마법의 숲에서 자란 떡갈나무 가지를 가져와서 아무 장식이나 조각을 하지 않은 꼿꼿한 막대를 손수 만들어야 합니다. 의식이 완성될 때까지는 마법사 외에 아무도 이 막대를 만지면 안 되며, 그 후 마법사는 이 막대를 진실의 상징으로 지니고 다녀야 합니다.

8레벨 의식

어둠 물리치기 (지혜)

유효 거리: 장거리
지속 시간: 1년
극복 판정: 실시
마법사는 운명의 실을 조작하고 빛과 어둠의 힘을 움직여서 이 세계를 어느 정도 평화롭게 만들 수 있습니다. 의식을 치른 후 일 년 동안, 마스터는 모든 위기 수치 판정을 매주가 아닌 매달 판정합니다. 각 위험요소는 이 의식의 힘에 맞서 극복 판정을 합니다. 분노한 고룡처럼 위험요소가 특정 개인이라면 상대가 직접 극복 판정을 합니다. 만약 제국 수도처럼 위험요소가 특정 세력이라면 가장 약한 구성원이 극복 판정을 합니다. (아마도 체력 주사위가 1인 평민이 할 것입니다)

어둠 물리치기를 치르려면, 캠페인에서 현재 활동하고 있는 각 위험요소가 가지고 있던 물품을 모아서 의식 재료로 사용해야 합니다. 용의 보물이나 제국 수도에 있는 대신전의 제단 조각 같은 물품이 좋은 예입니다. 이러한 물품은 해당 위험요소와 밀접한 연관이 있어야 하며, 구하기도 어려워야 합니다. 만약 캐릭터들이 일부 위험요소에게만 재료를 얻어서 의식을 치렀다면, 나머지 위험요소는 의식에 영향을 받지 않습니다.

거장의 환상 (지능)

유효 거리: 근거리
지속 시간: 영구
극복 판정: 실시
환상 마법 중 가장 강력한 **거장의 환상**은 건물이나 탑, 커다란 풍경의 환영을 통째로 만드는 의식입니다. 이 의식으로 만든 환영 속에는 말도 할 줄 알고 마법사의 명령을 받지 않고도 어느 정도 독자적인 행동을 하는 환상 속 구성원들이 잔뜩 나타납니다. 예를 들어 환영으로 만든 군인들은 마법사의 직접적인 명령 없이는 행진하지 않겠지만, 주위를 서성이거나, 주사위 놀이를 하거나, 환상 속 식량을 먹을 것입니다. 이 환영은 무효화를 할 때까지 계속 남아 있습니다. 환영을 보는 이들은 환영이 진짜가 아니라고 믿을 만한 이유가 있다면 주문 극복 판정을 할 수 있습니다. 판정에 성공하면 환영이 그저 공허한 영상이라는 사실을 알아차립니다.

강력한 환상과 마찬가지로, 마법사는 자신이 만들려는 환영과 직접 연관이 있는 의식재료를 준비해야 합니다. 예를 들어 환상의 탑과 그 주변을 둘러싼 건물을 만들려면 이 환영 건물들이 세워질 진짜 주춧돌이 필요합니다.

얼음 폭풍 (지능)

유효 거리: 장거리
지속 시간: 1일/레벨
극복 판정: 없음
단순한 폭풍과 호우에 만족하지 못하는 마법사는 충분한 힘만 있다면 계절에 상관없이 진짜 눈보라를 부를 수 있습니다. 의식이 효과를 발휘하는 첫째 날에는 기온이 급격하게 떨어지며, 그날 밤부터 강력한 바람과 함께 눈이 내리기 시작합니다. 누구든지 안전한 대피처 없이 폭풍을 맞는 사람들은 죽음을 무릅써야 할 것입니다. 이 의식은 해당 지방의 기후와 농작물 재배를 엉망으로 망칩니다.

이러한 강력한 폭풍을 부르려는 마법사는 추위와 폭풍을 상징하는 신화적인 장소에서 핵심 재료를 가지고 와야 합니다. 북극의 고드름이나 바람의 신이 다스리는 왕국에서 사는 새의 깃털 같은 물품이 좋은 예입니다. 어떤 물품을 가져왔든 간에, 이 물품은 향이나 은가루, 룬을 새긴 화로 등 여러 의식 재료를 사용하는 이 여덟 시간짜리 의식에서 가장 중요한 역할을 합니다. 이 핵심 재료를 제외한 나머지 비교적 평범한 물품들은 최소 은화 1,000냥 이상이 듭니다.

9레벨 의식

개명 (지능)

유효 거리: 장거리
지속 시간: 순간
극복 판정: 실시

개명은 주문 대상의 진실한 이름을 바꾸는 무시무시하고 위험한 마법입니다. 마법사는 의식 대상의 현재 진실한 이름을 알아야 하지만, 반드시 옆에 같이 있을 필요는 없습니다. 이름이 바뀌기를 원하지 않는 상대는 극복 판정을 해서 의식의 효과를 받지 않을 수 있으나, 마법사가 자신의 진실한 이름을 알기 때문에 판정에 -5 페널티를 받습니다. 이름이 바뀐 상대는 자신의 근본적인 무언가가 바뀌었다는 사실을 알지만, 새 진실한 이름을 알지는 못합니다.

이 의식에는 상대의 머리카락이나 손톱처럼 마법사와 주문 대상을 마법적으로 이을 매개체가 필요합니다. 마법사는 주문 대상의 현재 진실한 이름을 금색 판 위에 새긴 다음, 풀무 속에 넣습니다. 마법사는 이 녹인 금으로 다시 금색 판을 만든 다음, 그 위에 새로운 이름을 새깁니다.

완벽한 건강 (지혜)

유효 거리: 장거리
지속 시간: 순간
극복 판정: 없음

이 강력한 기적은 한 도시나 마을 전체에 영향을 끼칩니다. 마법사는 거주자들이 받은 모든 피해와 병, 독을 치료하고 상대의 나이에 어울리도록 **건강** 상태를 완벽하게 회복시킵니다. 심지어 마법적인 고통이나 독 역시 이 의식으로 치료할 수 있습니다.

이 의식을 치르는 아홉 시간 동안 마법사는 마을을 돌아다니면서 거주자들과 대화를 나누어야 합니다. 의식이 완성되면, 마법사는 정말로 많은 마력을 소모한 탓에 1레벨을 잃습니다. 마법사의 경험치는 현재 레벨이 되기에 필요한 최소 경험치로 줄어듭니다.

수호령 (지능)

유효 거리: 근거리
지속 시간: 순간
극복 판정: 없음

수호령은 마법사의 영적 동반자이자 보호자가 될 수호령을 천상에서 불러오는 의식입니다. 수호령은 의식을 통해 새로 형상을 얻는 마법의 존재로서, 만들어진 즉시 진실

한 이름을 얻습니다. 수호령과 마법사의 관계는 패밀리어와 마법사의 관계와 비슷하며, 수호령 역시 패밀리어처럼 동료로 간주합니다. 마법사는 자신의 수호령을 언제나 볼 수 있으며, 원한다면 다른 이들에게도 수호령을 볼 수 있도록 능력을 줄 수 있습니다. 마스터와 플레이어는 함께 논의해서 체력 주사위가 10인 수호령을 만들어야 합니다.

예시 수호령은 ***울타리 너머, 또 다른 모험으로*** '괴물도감' 장 p.85를 참조하세요.

마법사는 반드시 의식을 치르기 전에 수호령의 형상을 조각상으로 만들어야 합니다. 이 조각상은 평균 은화 몇천 냥 정도가 드는 구하기 힘들고 귀한 재료를 사용해야 하며, 매우 정교한 솜씨로 조각해야 합니다. 조각상이 준비되면, 마법사는 점성학적으로 중요한 날에 아무도 없는 장소에서 의식을 치러야 합니다. 의식이 완성되면 마법사는 자신의 능력치 중 하나를 선택해 1점을 잃습니다. 이 능력치는 영원히 잃어버리며, 절대 회복할 수 없습니다.

10레벨 의식

마력 소멸 (지능)

유효 거리: 근거리
지속 시간: 순간
극복 판정: 없음
마력 소멸은 근거리 내의 모든 마법적인 효과를 기원을 불문하고 모두 완전히 없애는 궁극의 마법입니다. 5레벨 의식 **마법 무효화**와 달리, 이 의식은 지속 시간이 순간인 주술이나 의식의 효과마저도 되돌립니다. 근거리 내의 모든 마법 물품은 마법의 힘을 영원히 잃으며, 아티팩트조차 쓸모없게 망가집니다. 신적 존재들의 힘과 기적도 효과를 멈추고 사라집니다. 마법적인 생물은 이 의식을 사용한다고 해서 반드시 죽지는 않지만, 모든 힘을 잃어버린 채로 매우 불안해할 것입니다.

이 정교한 의식에는 아무런 의식 재료가 필요하지 않으나, 마법사는 자신의 마력을 희생해야 합니다. 의식이 완성되면, 마법사는 1년하고도 하루 동안 어떠한 마법도 (캔트립, 주술, 의식) 쓸 수 없습니다.

새벽 사이의 관문 (지능)

유효 거리: 근거리
지속 시간: 순간
극복 판정: 없음
진정으로 어리석은 마법사만이 한 세계와 다른 세계를 잇는 관문을 열 것입니다. **새벽 사이의 관문**은 두 차원을 연결하는 문을 만들어서, 한 차원에 있는 존재가 물리적으로 다른 차원에 건너갈 수 있게 하는 의식입니다. 말할 것도 없이 이러한 시도는 극도로 위험하며, 한쪽 차원 또는 양쪽 차원 모두에 피해를 줄 것입니다. 마법사는 **새벽 사이의 관문**으로 관문을 열거나 닫을 수 있습니다. 이 의식을 다시 한번 치르면 효과를 되돌릴 수 있지만, 오직 1개월이 완전히 지난 후에 다시 거행할 수 있습니다. 1개월 후면 이미 세상은 크게 바뀌었을 시점입니다.

이 의식으로 연결할 수 있는 다른 차원은 망자들의 땅이나 원소의 차원, 요정계 등이 있습니다.

의식을 치르려면, 마법사는 다른 차원과 이미 어느 정도 동조를 이룬 적합한 장소를 찾아야 합니다. 이런 장소는 매우 드물지만, 세상 군데군데에 있습니다. 세상에서 가장 높은 산은 바람의 차원과 동조를 이루고 있으며, 가장 타락하고 사악한 장소는 이미 악마들의 차원에 인접해 있습니다. 마법사는 아마도 여행을 다니면서 이런 장소를 봐 두었거나, 최소한 연구를 통해 적합한 장소를 찾았을 것입니다.

적합한 장소를 찾은 다음, 환상열석 마법사와 동료들은 의식이 벌어질 장소에 물리적인 관문을 만들어야 합니다. 이 관문은 단순한 문이 아니라 거대한 환상 열석이나 사원, 피라미드 같은 웅장한 규모의 구조물이어야 합니다. 이만한 관문을 짓는 데에는 매우 긴 시간과 많은 양의 노

동력이 투입되며, 아마도 마을 전체나 도시, 심지어는 왕국의 도움을 얻어야 할 것입니다. 관문을 닫는 의식은 좀 더 쉽습니다. 의식을 치르는 동안 구조물을 파괴하거나, 어느 수단으로든 봉쇄하기만 하면 되니까요. 하지만 구조물을 파괴하거나 봉쇄하더라도, 의식 판정에 실패하면 아무 소용이 없다는 점을 주의하세요. 의식 판정에 성공하지 않는 한 차원문은 열린 채로 남습니다.

필멸 (지혜)
유효 거리: 장거리
지속 시간: 순간
극복 판정: 없음

가장 강력한 마법사는 아무리 신들이라 할지라도 두려워합니다. **필멸**은 어떠한 종류의 영이든, 심지어 신이라 할지라도 불멸성을 빼앗고 죽음을 피할 수 없는 존재로 만드는 의식입니다. 주문 대상은 여전히 강력한 힘을 지녔으며 나이도 먹지 않지만, 이제는 강제로 죽일 수 있는 존재가 됩니다. 이 마법은 저항하기 위해 극복 판정을 하지 못할 정도로 강력합니다. 그리하여 신들은 몰락하고, 새로운 시대가 옛 시대를 대체합니다.

이 의식에 필요한 재료는 단지 주문 대상의 진실한 이름과 마법사의 생명을 건 의지밖에 없습니다. 의식이 발동하면, 마법사의 생명은 이제 영원히 상대의 생명과 엮입니다. 만약 상대가 죽으면, 마법사도 죽습니다.

부록 I: 변형 규칙

장기 캠페인은 플레이어들이 점점 규칙에 익숙해지면서 좀 더 복잡한 규칙도 능숙하게 다룰 수 있게 된다는 장점이 있습니다. 마스터 역시 플레이어들을 알아가면서 플레이어들이 좀 더 흥미진진하게 플레이를 할 수 있도록, 혹은 플레이어들의 게임 방식에 적합하도록 규칙을 변형하고 싶을지도 모릅니다. 이번 장은 여러분이 원하는 대로 사용하고, 버리고, 바꿀 수 있는 몇 가지 변형 규칙을 소개합니다.

항상 높게 굴리기

만약 때로는 낮게 굴려야 하고 (능력치 판정), 때로는 높게 굴려야 하는 (명중 판정과 극복 판정) 규칙이 마음에 들지 않는다면, 다음 방식처럼 좀 더 일관성 있게 바꿔보세요.

이제 능력치 판정을 할 때, 플레이어들은 그냥 d20을 굴린 다음 캐릭터의 능력치 보너스를 더하면 됩니다. 관련 기능을 가지고 있거나 다른 캐릭터의 도움을 받는다면 원래대로 판정에 +2 보너스를 받습니다. 특별히 쉽거나 어려운 일에 붙는 보너스나 페널티는 ***울타리 너머, 또 다른 모험으로*** '핵심 규칙' 장 p.17을 참조하세요. 판정 결과가 12이거나 그보다 높게 나오면 성공입니다.

이 방법을 사용한다면 능력치 보너스의 역할이 훨씬 중요해지며, 실제 능력치 수치는 능력치 보너스가 높아지지 않는 한 판정에 별다른 영향을 미치지 않는다는 점을 염두에 두세요. 즉, **민첩성**이 10인 캐릭터와 12인 캐릭터는 규칙상 아무런 차이가 없게 됩니다.

추가 전투 규칙

어떤 테이블에서는 전투가 벌어질 때 플레이어들이 좀 더 전술적인 선택을 할 수 있도록 전투 규칙을 좀 더 자세히 만드는 편을 선호합니다. 다음에 소개하는 추가 규칙들을 사용하면 플레이어들은 자기 차례에 주사위를 던질 때 좀 더 신중하게 생각할 것입니다. 하지만 여러분의 창의성을 억누르는 용도로 사용하지 않도록 주의하세요. 이 규칙들은 그저 여러분을 돕기 위해 소개하는 것뿐이니까요. 판타지 롤플레잉은 플레이어들이 터무니없는 계획을 직접 고안할 때 가장 재미있습니다.

전장과 공간

만약 캐릭터들이 비좁은 던전이나 여관 휴게실에서 싸운다면, 마스터는 누가 누구를 공격할 수 있으며, 서로 거리가 얼마나 되는지 판단하기만 하면 됩니다. 숙련된 마스터들은 이런 방식에 아주 익숙합니다. 마스터는 다음 규칙을 판단 기준으로 활용하세요.

모든 전투원이 공격과 기동을 할 만한 충분한 공간이 있는 평범한 전투에서, 캐릭터 한 명은 적 두 명이 도망치거나 자신을 지나치지 못하도록 견제할 수 있습니다. 만약 적이 어떻게든 캐릭터를 뿌리치려고 한다면, 캐릭터는 그 즉시 자신을 뿌리치고 이동하려는 적에게 공격할 수 있습니다. 이 공격은 전투 순서와 상관없이 그 즉시 실시합니다.

예: 안나와 가레스는 마을에서 대도시로 가는 도중 길 위에서 두 명의 도적을 만났습니다. 가레스는 훌륭한 궁수이므로, 뒤로 물러나 활을 쏘기 시작합니다. 안나는 두 도적을 모두 묶어 놓을 수 있기 때문에 도적들은 단순히 안나를 피해 가레스에게 다가갈 수는 없습니다.

도적 하나가 활을 맞은 후, 다른 도적은 가레스가 너무 위험하다고 판단하고, 안나를 지나쳐 가레스를 공격하려고 합니다. 이 도적의 차례가 되자 도적은 생각한 대로 움직였고, 안나는 즉시 이 도적을 대상으로 공짜 공격을 한 번 얻어서 적을 베어 쓰러뜨립니다.

만약 세 번째 도적이 있었다면, 안나가 다른 두 도적을 상대하는 동안 안나를 지나쳐서 가레스를 공격했을 것입니다.

마스터는 전장과 공간 규칙을 적용할 때 상식을 활용하세요. 용처럼 매우 큰 적은 캐릭터를 쉽게 뿌리칠 수 있습니다. 마찬가지로 쥐나 박쥐처럼 매우 작은 적도 캐릭터의 견제를 쉽게 피해서 움직일 수 있을 것입니다. 다만 코볼드나 버그베어 등 대부분의 인간 크기 상대의 적에게는 이 규칙을 두루 쓸 수 있습니다. 흔치 않은 크기를 지닌 괴물을 내보낼 때는 그냥 규칙을 무시하세요.

전투 방식

캐릭터의 명중 보너스와 **장갑**은 전투에서 캐릭터가 어떻게 싸우는지를 나타냅니다. 기본적으로, 캐릭터는 공격과 방어 사이에서 균형을 지키는 것으로 간주합니다. 전투 방식 규칙을 사용한다면, 캐릭터는 좀 더 공격적으로 나갈지,

좀 더 방어에 신경 쓸지 결정해야 합니다. 전투에서 캐릭터는 자기 차례가 돌아올 때마다 전투 방식을 바꿀 수 있습니다. 전투 방식의 효과는 다음 라운드에 자신의 차례가 돌아올 때까지 적용됩니다. 만약 캐릭터가 특별한 전투 방식을 선택하지 않았다면, 기본 방식으로 싸우는 것으로 간주합니다.

마스터는 적과 괴물 역시 전투 방식을 선택하도록 할 수 있지만, 아마도 신경 쓸 부분이 너무 많아질 것입니다. 보통은 PC만 사용할 수 있는 특별 규칙으로 남겨두는 편이 좋습니다.

기본 방식 – 전투에서 일반적으로 선택하는 전투 방식입니다. 특별한 변화는 없습니다.

공격 중심 – 캐릭터는 적의 공격에 노출되는 위험을 무릅쓰고 적을 최대한 빨리 쓰러뜨리기 위해 적극적으로 공격에 나섭니다. 캐릭터는 명중에 +2 보너스를 받지만, **장갑**에 -4 페널티를 받습니다.

방어 중심 – 공격 중심의 반대 방식으로, 캐릭터는 좀 더 주의를 기울이면서 방어에 신경씁니다. 캐릭터는 **장갑**에 +2 보너스를 받지만, 공격에 -4 페널티를 받습니다.

경호 – 경호를 선택한 캐릭터는 근처에 있는 친구나 아군을 보호하려고 합니다. 경호 중인 캐릭터는 **장갑**에 +2 보너스를 받지만, 공격을 할 수 없습니다. 만약 경호 대상이 이번 차례에 공격을 맞는다면, 경호 중인 캐릭터는 그 공격을 대신 자기가 맞기로 선택할 수 있습니다.

지휘 – 캐릭터는 적들의 시선을 끄는 위험을 감수하고 아군이 더 잘 싸우도록 독려합니다. 캐릭터는 **장갑**에 -6 페널티를 받고 공격을 할 수 없지만, **매력** 판정을 해서 성공하면 해당 라운드 동안 아군과 부하들의 명중에 +2 보너스를 줍니다.

양손 무기술

많은 플레이어가 양손에 하나씩 무기를 들고 싸우는 캐릭터를 무척 좋아합니다. 하지만 양손 무기술 규칙을 사용하면 골치 아파질 경우가 많기 때문에, 저희는 ***울타리 너머*** 기본 규칙에서 이 부분을 소개하지 않았습니다. 저희는 단순히 캐릭터가 양손에 든 무기 중 무엇을 사용할지 언제든지 선택할 수 있다고 간주합니다. 하지만 그래도 여전히 양손 무기술을 좀 더 자세하게 적용하고 싶다면, 다음 중 하나를 선택하세요.

복수 공격 – 캐릭터는 양손에 있는 무기로 동시에 공격을 시도할 수 있습니다. 무기마다 한 번씩 공격을 판정하지만, 두 공격 모두 -5 페널티를 받습니다.

융통성 – 양손 무기술의 가장 큰 이점은 캐릭터가 다른 손에 있는 무기를 공격에 쓸지, 방어에 쓸지 결정할 수 있는 융통성입니다. 매 라운드 캐릭터는 명중, 또는 **장갑**에 +1 보너스를 받습니다.

행운 점수의 다른 사용법

행운 점수를 사용해서 주사위를 다시 굴렸는데도 또 실패한다면 매우 기분이 나쁠 것입니다. 행운 점수를 사용하면 주사위를 다시 굴리는 대신 모든 판정 결과에 +5 보너스를 주는 규칙을 고려해 보세요. 이 규칙을 사용한다면 먼저 주사위를 굴린 다음 행운 점수를 쓸지 결정할 수 있으므로, 행운 점수를 낭비할 염려는 없습니다. 플레이어는 플레이 중 언제든지 행운 점수를 사용해서 피해 굴림을 포함한 모든 판정 결과에 +5를 받을 수 있지만, 레벨을 올릴 때 HP를 정하는 주사위 굴림에는 행운 점수를 사용할 수 없습니다.

마스터는 주사위를 다시 굴리는 기본 방식을 위 방식으로 대체할 수도 있고, 플레이어들이 양쪽 모두 선택할 수 있도록 남길 수도 있습니다.

또한 행운 점수는 보통 모험 사이사이에 하루 푹 쉰 다음 회복할 수 있습니다. 하지만 마스터는 캐릭터가 게임 중에 특별히 영웅적이거나 고결한 행동을 했다면 행운 점수를 1점 줄 수 있습니다. 이 방식은 캐릭터가 진정한 영웅처럼 행동하도록 장려하는 규칙입니다. 다만 행운 점수를 지나치게 자주 주지는 마세요. 오직 캐릭터가 진정으로 선한 영웅처럼 활약할 때를 위해 아껴 두세요.

부록 II: 지역 예시

여러분은 다음에 소개하는 지역과 조우 표의 예시를 보고 여러분 캠페인의 지역을 만들 때 참조할 수 있습니다. 만약 직접 만들기 힘들다면, 예시를 그냥 사용할 수도 있습니다.

여러분은 각 표에 조우를 두 개씩만 더 추가해서 여러분만의 특정한 지역을 만들 수도 있습니다. 예를 들어 산악 부족이 거주하는 산악 지역을 만들고 싶다면, 예시로 소개한 '산악' 지역에 산악 민족과 관련된 조우를 두 개 추가한 다음, 조우 표 주사위를 1d8로 바꾸면 됩니다. p.14~15에서 소개한 황금빛 떡갈나무 숲의 조우 표를 보고 어떻게 만들지 참조하세요.

사막

사막은 평지이지만, 물이 귀한 곳이기 때문에 식량을 다시 채우려면 채집 판정을 해야 합니다. 사막에서 시도하는 모든 채집 판정은 -5 페널티를 받습니다.

조우 확률: 1d6 중 3 이하

1d6	사막 지역 조우
1	**길을 잃었습니다! 지혜** 판정을 해서 길을 찾아야 합니다. 실패하면 방향을 잃고 헤매느라 하루를 허비합니다.
2-3	**길을 잘못 들었습니다. 지혜** 판정을 해서 실패하면 원래 가려고 한 곳 대신 무작위 방향으로 한 칸 갑니다.
4	**끔찍한 화상. 건강** 판정을 해서 실패하면 화상 때문에 모든 판정에 -2 페널티를 받습니다. 이 페널티는 일주일 동안 계속되며, 이후 추가로 화상을 입으면 페널티가 중복됩니다.
5	**모래폭풍. 지혜** 판정을 해서 실패하면 피난처를 찾지 못하고 모든 일행이 1d6점 피해를 받습니다.
6	**사막의 거주자. 매력** 판정을 해서 실패하면 짐승 인간, 또는 사막을 떠도는 사람들 1d10명과 적대적으로 마주칩니다.

초원

초원은 평지입니다. 마을 근처의 농지나 들판일 수도 있고, 머나먼 땅의 구릉지나 평원일 수도 있습니다.

조우 확률: 1d6 중 1 이하

1d6	초원 지역 조우
1	**길을 잃었습니다! 지혜** 판정을 해서 길을 찾아야 합니다. 실패하면 방향을 잃고 헤매느라 하루를 허비합니다.
2	**길을 잘못 들었습니다. 지혜** 판정을 해서 실패하면 원래 가려고 한 곳 대신 무작위 방향으로 한 칸 갑니다.
3	**갑작스러운 폭풍. 건강** 판정을 해서 계속 걸어야 합니다. 실패하면 피난처를 찾는데 하루를 꼬박 허비합니다. 만약 짐 운반용 동물이 있다면 **지혜** 판정도 해서 놀란 동물을 달래야 합니다. 실패하면 망가진 마구를 고치느라 다음 날을 허비합니다.
4	**사냥 중인 늑대 떼. 지혜** 판정을 해서 실패하면 사나운 늑대 1d6+1마리에게 기습당합니다.
5	**여행자. 매력** 판정을 해서 성공하면 다른 여행자들과 우호적으로 마주칩니다.
6	**농장. 매력** 판정을 해서 성공하면 어느 농부 가족이 잠자리를 제공합니다.

산악
길이 나 있더라도 산악 지역은 험지입니다. 산악 지역에서는 사냥감이 비교적 적기 때문에, 사냥과 채집 판정에 -2 페널티를 받습니다. 다음 표는 여행자들이 도보로 여행할 수 있는 구역임을 전제로 합니다. 산악 지역 중 많은 부분은 아예 통과할 수 없습니다.

조우 확률: 1d6 중 1 이하

1d6	산악 지역 조우
1	**길을 잃었습니다! 지혜** 판정을 해서 길을 찾아야 합니다. 실패하면 방향을 잃고 헤매느라 하루를 허비합니다.
2	**길을 잘못 들었습니다. 지혜** 판정을 해서 실패하면 원래 가려고 한 곳 대신 무작위 방향으로 한 칸 갑니다.
3	**깊은 협곡. 민첩성** 판정을 해서 지나가야 합니다. 실패하면 모든 캐릭터가 1d4점 피해를 받습니다. 만약 짐 운반용 동물이 있다면, **지혜** 판정도 해서 같이 협곡을 지나가야 합니다. 실패하면 협곡을 지나는 다른 길을 찾느라 하루를 허비합니다.
4	**낙석. 지혜** 판정을 해서 실패하면 떨어지는 돌 때문에 모든 일행이 1d12점 피해를 받습니다.
5	**물이 없습니다. 지혜** 판정을 해서 실패하면 물이 부족한 탓에 p.26 '물자' 규칙에 나온 대로 모든 판정에 -1 페널티를 받습니다.
6	**전설의 괴수. 지능** 판정을 해서 실패하면 고대의 경고판을 알아보지 못한 탓에 거인이나 그리폰, 거대 독수리 같은 전설의 괴수 한 마리에게 기습을 당합니다. 전설의 괴수는 자신의 영역을 침범한 캐릭터에게 적대적일 수도 있고, 아닐 수도 있습니다.

도로
캐릭터들이 영토를 가로지르는 주요한 길을 지날 때만 이 조우 표를 사용하세요. 그 밖의 다른 길에서는 길 주변의 지형에 따라 해당 지역의 조우 표를 사용하세요. 도로 지역의 조우 표는 이 길이 도시나 큰 마을을 잇는 북적대는 공공도로임을 전제로 합니다.

도로는 평지이며, 길을 오고 가는 사람 때문에 사냥감이 비교적 적습니다. 그러므로 사냥과 채집 판정에 -2 페널티를 받습니다.

조우 확률: 1d6 중 2 이하

1d6	도로 지역 조우
1	**악천후. 근력** 판정을 해서 도로를 치워야 합니다. 실패하면 다른 길을 찾아 돌아가느라 하루를 허비합니다. 악천후의 결과는 깊은 진흙탕이나 도로에 쓰러져서 길을 막는 나무, 물이 불어나서 침수된 다리 등을 나타냅니다.
2	**갑작스러운 폭풍. 건강** 판정을 해서 계속 걸어야 합니다. 실패하면 피난처를 찾는데 하루를 꼬박 허비합니다. 만약 짐 운반용 동물이 있다면 **지혜** 판정도 해서 놀란 동물을 달래야 합니다. 실패하면 망가진 마구를 고치느라 다음 날을 허비합니다.
3-4	**같은 여행자들. 매력** 판정을 해서 성공하면 행상인이나 피난민, 또는 다른 모험가 같은 소규모의 여행자들과 우호적으로 마주칩니다. 캐릭터들은 이들에게서 정보를 얻거나, 물건을 살 수 있을 것입니다.
5	**대상. 매력** 판정을 해서 성공하면 순회 공연단이나 상인 집단 등 대규모의 여행자들과 우호적으로 마주칩니다. 이들은 여러 가지 좋은 물건을 팔거나, 지친 모험가들이 안심하고 쉴 수 있도록 보호해주고 접대를 베풀 것입니다.
6	**도적. 지혜** 판정을 해서 실패하면 도적 1d8+2명에게 기습당합니다. 도적들이 꼭 캐릭터들을 그 즉시 공격하지는 않을 것입니다. 이들의 목적은 돈이지, 목숨이 아니니까요.

폐허

폐허는 이 세계의 어둡고 끔찍한 지역을 나타냅니다. 폐허는 화산재로 뒤덮인 평원일 수도, 다 타버린 숲이나 광대한 구역이 오염된 해안지역일 수도 있겠지만, 그 어느 지역이든 인간이 살 수 없는 위험한 장소임은 마찬가지입니다. 암흑 군주가 세운 성채는 아마 이런 곳에 있을 것입니다. 폐허는 평지이지만, 식량으로 삼을 만한 것이 거의 없기 때문에 폐허에서 시도하는 모든 사냥과 채집 판정은 -10 페널티를 받습니다.

조우 확률: 1d6 중 1 이하

1d6	폐허 지역 조우
1	**길을 잃었습니다! 지혜** 판정을 해서 길을 찾아야 합니다. 실패하면 방향을 잃고 헤매느라 하루를 허비합니다.
2	**길을 잘못 들었습니다. 지혜** 판정을 해서 실패하면 원래 가려고 한 곳 대신 무작위 방향으로 한 칸 갑니다.
3	**잊힌 거주자들. 지혜** 판정을 해서 실패하면 와르그 한 쌍이나 고블린 2d8마리, 위험한 인간 1d12명처럼 폐허에 거주하는 이들에게 기습당합니다.
4	**맹렬한 폭풍. 지혜** 판정을 해서 실패하면 모든 일행이 1d6점 피해를 받습니다. 판정에 성공하든 실패하든 하루 동안 여행을 할 수 없습니다.
5	**오염된 물. 지혜** 판정을 해서 실패하면 깨끗한 물을 찾을 수 없는 탓에 p.25~26 '물자' 규칙에 나온 대로 모든 판정에 -1 페널티를 받습니다.
6	**저주받은 야영지. 지능** 판정을 해서 실패하면 밤에 화난 하급 영이 나타납니다.

바다와 대양

배로 항해할 때 바다는 언제나 평지로 간주하며, 도보로는 통과할 수 없습니다. 바다에서는 일반적인 방법으로 사냥이나 채집을 할 수 없지만, 낚시 기능을 활용해서 식량을 구할 수 있습니다. 또한 바다에서는 신선한 물을 구할 수 없습니다.

조우 확률: 1d6 중 3 이하

1d6	바다와 대양 지역 조우
1	**맥없는 바람. 지능** 판정을 해서 실패하면 오늘은 원하는 대로 바람이 불지 않습니다. 만약 풍력에 의지하는 배를 탔다면, 오늘은 30마일(48km) 밖에 이동할 수 없습니다.
2	**습기. 지혜** 판정에 실패하면 배에 있는 장비 중 하나가 못쓰게 됩니다.
3	**폭풍. 민첩성** 판정에 실패하면 배가 심하게 손상을 입습니다. 다음에 도착하는 항구에서 수리해야 합니다.
4	**공격당함! 지혜** 판정에 실패하면 광분한 상어 한 마리, 또는 다른 바다 생물에게 공격당합니다.
5	**다른 배. 매력** 판정에 성공하면 지나가는 다른 배와 우호적으로 마주칩니다.
6	**위험 지대. 지능** 판정에 실패하면 우연히 암초나 크라켄이 있는 (혹은 양쪽 모두 있는) 곳으로 위험할 만큼 가까이 갑니다.

늪

늪을 지나는 도로가 나 있지 않은 한, 늪은 험지로 간주합니다.

조우 확률: 1d6 중 2 이하

1d6	늪 지역 조우
1	**길을 잃었습니다! 지혜** 판정을 해서 길을 찾아야 합니다. 실패하면 방향을 잃고 헤매느라 하루를 허비합니다.
2	**길을 잘못 들었습니다. 지혜** 판정을 해서 실패하면 원래 가려고 한 곳 대신 무작위 방향으로 한 칸 갑니다.
3	**진창에 빠지다. 근력** 판정을 해서 실패하면 더러운 진창을 빠져나오지 못해서 꼴사나운 모습으로 하루를 허비합니다. 만약 짐 운반용 동물이 있다면 **지혜** 판정도 해서 단단한 땅 위로 올라와야 합니다. 실패하면 동물을 잃습니다.
4	**늪의 거주자들. 매력** 판정에 성공하면 늪 지역에 사는 사람들이나 지성 있는 생물들, 혹은 그 외 존재들의 호의를 얻습니다.
5	**더러운 물. 지혜** 판정에 실패하면 더러운 물을 마신 탓에 피해 1점을 받고 하루를 허비합니다.
6	**도깨비불. 지능** 판정에 실패하면 도깨비불, 또는 그와 비슷한 영 1d4마리의 주의를 끕니다.

숲

숲에는 수많은 길이 나 있어서 평지로 간주하지만, 만약 캐릭터들이 큰 길을 벗어나서 잘 알지 못하는 영역으로 들어서면, 험지에서 여행하는 것으로 간주합니다. 숲에는 사냥감이 풍부하기 때문에, 채집과 사냥 판정에 +2 보너스를 받습니다.

조우 확률 1d6 중 1 이하

1d6	숲 지역 조우
1	**길을 잃었습니다! 지혜** 판정을 해서 길을 찾아야 합니다. 실패하면 방향을 잃고 헤매느라 하루를 허비합니다.
2	**길을 잘못 들었습니다. 지혜** 판정을 해서 실패하면 원래 가려고 한 곳 대신 무작위 방향으로 한 칸 갑니다.
3	**깊은 협곡. 민첩성** 판정을 해서 지나가야 합니다. 실패하면 모든 일행이 1d4점 피해를 받습니다. 만약 짐 운반용 동물이 있다면, **지혜** 판정도 해서 같이 협곡을 지나가야 합니다. 실패하면 협곡을 지나는 다른 길을 찾느라 하루를 허비합니다.
4	**생각지도 못하게 깊은 물. 근력** 판정에 실패하면 길잡이는 1d6 피해를 받으며 급류 때문에 물품 하나를 잃어버립니다. 만약 짐 운반용 동물이 있다면 **지혜** 판정도 해서 같이 물을 건너야 합니다. 실패하면 다른 길을 찾느라 하루를 허비합니다.
5	**저주받은 야영지. 지능** 판정을 해서 실패하면 밤에 화난 하급 영이 나타납니다.
6	**곰의 공격. 지혜** 판정을 해서 실패하면 성난 곰에게 기습당합니다.

부록 III: 소규모 장소

마스터는 다음 표의 결과와 상상력을 활용해서 비교적 빠르게 소규모 장소를 만들 수 있습니다. 반드시 표에 나온 결과대로 만들 필요는 없습니다. 아이디어가 잘 떠오르지 않거나, 즉석에서 무언가를 만들어야 할 때 참고하세요.

1d8	이 장소는 어떤 곳인가요?
1	마법의 숲이나 환상열석 같은 일종의 마법적인 장소입니다.
2	농장이나 오두막 같은 개인적 장소입니다. 주인이 있거나, 버려졌을 것입니다.
3	아주 작은 마을이나 외딴 여관처럼 여러 사람이 드나드는 장소입니다.
4	잔잔한 샘이나 우뚝 솟은 봉우리처럼 아름다운 자연이 있는 장소입니다.
5	오래전의 유적이 모여 있는 장소입니다.
6	방이 2~5개 있는 작은 동굴입니다.
7	불의 늪이나 격류가 흐르는 강, 깊은 협곡처럼 매우 지나가기 어려운 험지입니다.
8	도적단의 무기고나 비밀 감옥처럼 은밀하게 숨겨진 방입니다.

1d8	누가 이 장소에서 사나요?
1	여기서 식사하기로 계획을 세운 트롤 세 마리나 언덕 거인 가족 등 몸집이 크고 지성을 갖춘 괴물 몇 마리가 무리를 이루어서 조용하고 평화로운 곳을 찾아 이 장소로 왔습니다.
2	마녀나 현자, 은퇴한 군인처럼 외로운 은둔자가 집으로 삼고 있습니다.
3	살아있는 생물은 없지만, 망자의 영이 있을지도 모릅니다.
4	어느 가족, 또는 부족이 계속 살고 있습니다. 이들은 외부인을 믿지 않습니다.
5	어느 인간 집단이 거주지로 삼았습니다. 이들은 대화나 거래에 기꺼이 응합니다.
6	요정이나 고블린, 하플링 한 무리 같은 판타지 속 생물이 거주합니다.
7	여행 중인 대상이나 소규모 야만인 부족처럼 한 무리의 인간이 임시 거처로 삼았습니다.
8	아무 생물이 없거나, 원소나 정령처럼 이세계의 영들이 거주하고 있습니다.

1d8	이 장소가 흥미를 끌 만한 이유는?
1	거주자들이 최근 공격을 당했습니다.
2	마법적인 비밀이 숨겨져 있습니다. 치유의 우물이 있는 장소일 수도 있고, 이곳에서 잠든 이들에게 예언이 내릴 수도 있습니다.
3	어떠한 이유로든, 막대한 양의 부가 쌓여 있습니다. 아마도 비밀리에 숨겨져 있을 것입니다.
4	세상에 관한 매우 중요한 정보를 지닌 사람이나 물건이 있습니다. 거주자 중 하나가 현자일 수도 있고, 비밀 서류가 있을 수도 있습니다.
5	전설 속의 마법 물품이 여기 있거나, 적어도 한 때 여기 있었습니다.
6	위대한 전설의 장인이 여기 있거나, 적어도 한 때 여기 있었습니다.
7	캐릭터들의 마을에 있는 NPC나 장소에 관한 비밀을 지닌 사람이나 물건이 있습니다.
8	캠페인의 위험요소에 관한 단서, 또는 위험요소에 맞서 싸울 무언가가 있습니다.

위험요소와
플레이 참고자료

병든 대지

이 땅에 무언가 무시무시한 일이 벌어졌습니다. 누군가 고대의 끔찍한 의식을 찾아내어 치른 것입니다. 이 의식은 대지를 어둠으로 물들이고, 기괴하게 일그러뜨리며, 그 땅에 있는 모든 이들을 죽인 다음 언데드로 만들어 강제로 깨웁니다. 더 끔찍하게도, 이 병든 대지는 점점 퍼져서 그 앞에 있는 모든 생명을 먹어 치웁니다. 의식을 치른 자는 도대체 어떤 일이 있었기에 이런 마법에 의지할 만큼 절박했던 걸까요?

이 위험요소에서는 대지를 오염시키고 지도 전체로 어둠을 퍼뜨리는 무시무시하면서도 음흉한 적수가 등장합니다. 캐릭터들은 캠페인이 시작할 때에는 이 적을 무시할 가능성이 크지만 (어쩌면 아예 알아차리지 못할 수도 있지만), 결국에는 행동에 나설 수밖에 없습니다. 병든 대지는 고향을 멀리 떠나 기꺼이 가장 위험한 땅으로 들어가서 모험을 펼치기를 좋아하는 플레이어들에게 적합한 위험요소입니다.

캐릭터를 만드는 동안

병든 대지 의식은 끔찍한 어둠의 마법이며, 오직 정말로 절박한 사람만이 이 의식을 치를 것입니다. 비록 플레이어들은 아직 모르겠지만, 캐릭터들은 땅을 병들게 한 의식을 치른 사악한 요술사와 겨우 한두 발짝 정도 떨어져 있습니다.

캐릭터 만들기 단계에서 두 번째로 언급된 NPC는 이 의식을 치른 요술사와 매우 밀접한 연관이 있습니다. 이 NPC는 요술사의 형제자매이거나, 배우자이거나, 자식이거나, 경쟁자일 것입니다. 이 NPC를 기록해 두었다가 요술사와 이 NPC가 어떤 관계인지 확인하세요.

그뿐만 아니라, 이 고대의 의식은 사실 캐릭터의 고향 마을에서 발견되었습니다. 플레이어들이 마을 지도에 그린 장소 중 하나를 선택하거나, 직접 장소를 만드세요. 이 장소에는 고대 사령술사의 도서관이 숨겨져 있습니다. 아마도 이 장소 지하에 묻혀 있을 것입니다. 도서관에 보관된 자료 대부분은 요술사가 가져간 탓에 소실되었지만 몇몇 문서는 남아있을 것이고, 빈 도서관을 조사하면 누가 자료를 가져가서 의식을 치렀는지 단서를 발견할 수 있을 것입니다. 이 끔찍한 도서관이 마을 아래에 있는 탓에, 캐릭터들은 어릴 적부터 귀신이나 다른 무서운 현상을 목격했을 것입니다.

마지막으로, 캐릭터 중 적어도 한 명은 캐릭터 만들기 단계 중에 다음 표를 네 번째 굴림으로 추가합니다.

캐릭터의 과거

1d6	병든 대지의 저주가 여러분의 어린 시절에 어떤 영향을 끼쳤나요?	습득
1	여러분 가족 중 나이가 많은 사람이 죽은 후 다음날 밤, 여러분은 죽은 이가 걸어가는 모습을 목격했습니다. 하지만 여러분은 눈을 꼭 감고 아무에게도 이 이야기를 하지 않았습니다.	-1 근력, +1 지혜
2	전장에서 잔뼈가 굵은 모험가 한 무리가 마을에 와서 무언가를 찾으려 했습니다. 여러분은 모험가들에게 감명을 받아서 그들이 여관에서 나누는 이야기를 귀 기울여 들었습니다.	-1 지혜, 기능: 금단의 지식
3	어느 날 밤 잠든 사이에 마을의 죽은 어른이 여러분을 찾아온 후, 여러분은 무언가 이상한 것을 보기 시작했습니다.	-1 매력, 캔트립: 영혼 시야
4	부모님의 경고에도 불구하고 여러분은 어느 날 저녁 버려진 마을로 여행을 떠났고, 죽은 마을 사람들이 마을을 거니는 모습을 목격했습니다.	-1 지능, +1 민첩성
5	어느 날 저녁, 고대의 병장구를 착용한 해골들이 마을로 들어와서 건물 몇 채에 불을 질렀습니다. 여러분은 민병대를 도와 해골들을 무찔렀지만, 그 와중에 큰 상처를 입었습니다.	-1 민첩성, +1 근력
6	여러분이 어릴 적에, 마을 사람 몇 명이 이상한 질병에 걸렸고, 죽기 직전에 침상에서 일어나 정처 없이 떠돌다가 영영 돌아오지 않았습니다. 여러분 역시 병이 옮았고, 기이한 충동에 시달렸지만 간신히 참았습니다.	-1 건강, +1 지능

캠페인 지도에는

캠페인 지도를 완성한 다음, 마스터는 마을에서 '멂' 거리에 있는 칸 하나를 선택해 병든 대지의 중심지로 정합니다. 이곳은 아마도 주요한 무역로 두 군데의 교차로 근처에 있는 여관일 수도 있고, 그저 대도시 바로 바깥에 있는 아주 작은 마을일 수도 있습니다. 하지만 이 장소는 사실 어두운 의식이 벌어진 지점이자, 저주받은 마법사가 영원히 머무는 거처입니다. 이 중심지가 있는 칸, 그리고 인접한 모든 칸은 이제 병든 대지입니다. 캐릭터는 캠페인이 시작할 때 병든 대지의 위치를 알 수 없습니다.

또한 마스터는 소규모 장소 두 군데를 지도 위에 만듭니다. 한 곳은 버려진 마을로, 캐릭터들의 고향 마을에 인접한 칸 중 하나에 배치합니다. 다른 한 곳은 말라붙은 호수로, 병든 대지로 변한 칸 중 한 군데에 배치합니다. 이 두 장소는 다음 내용에서 좀 더 자세히 설명합니다.

의식

병든 대지 의식의 가장 간악한 부분은, 이 의식이 정말로 치르기 쉬운 마법이라는 점입니다. 마법을 배운 사람이라면 누구든 이 의식을 배울 수 있기 때문에, 정말로 절박한 마법사라면 손쉽게 대지를 저주할 수 있습니다. 만약 다른 누군가가 캠페인 지도의 어딘가 다른 장소에 두 번째 병든 대지를 만든다면 정말로 끔찍한 일일 것입니다.

1레벨 의식

병든 대지 (지능)
유효 거리: 장거리
지속 시간: 순간
극복 판정: 없음
병든 대지는 대지를 저주하고, 그 땅에 있는 모든 이를 천천히 죽인 다음 언데드로 다시 일으키는 끔찍한 의식입니다. 의식이 완성되면, 10마일 (16km) 안에 있는 모든 생물은 쇠약해지면서 죽어가기 시작합니다. 병든 대지에서 죽은 모든 생물은 죽은 지 일주일 내에 언데드로 다시 깨어납니다. 그뿐만 아니라, 병든 대지는 느리지만 일정치 않은 속도로 점점 퍼집니다. 어쩌면 전 세상을 질병과 어둠으로 집어삼킬지도 모릅니다.

이 의식에는 마법사의 생명이 필요합니다. 마법사는 반드시 자연석으로 만든 투박한 제단 위에서 도살자의 칼을 사용해 스스로 목숨을 끊어야 합니다. 마법사는 역귀로 부활하지만, 이후 어떠한 상황에서도 돌 제단에서 5마일 (8km) 이상을 절대 벗어날 수 없습니다. 돌 제단은 이제 아티팩트로 간주합니다.

마법사가 병든 대지를 치르면, ***머나먼 곳으로*** p.17에서 소개한 위기 수치 규칙대로 캠페인 지도에 위기 수치 1의 새 위험요소를 등장시키고 다음 페이지에 소개하는 표를 사용하기 시작하세요. 병든 대지는 누구든지 언제나 거행할 수 있는 의식이므로, 현재 진행 중인 캠페인에 추가하기 쉬운 위험요소입니다.

버려진 마을

버려진 마을은 캐릭터의 마을에 인접한 칸에 위치한 소규모 장소입니다. 이곳은 완전히 버려진 마을이며, 캐릭터가 태어나기도 전에 이미 아무도 살지 않는 장소입니다. 버려진 마을은 죽은 자들이 자유롭게 배회하는 장소이기 때문에, 초반 모험에 무척 적합한 곳이 될 것입니다.

캐릭터들의 마을과 마찬가지로, 이곳에도 숨겨진 도서관이 있습니다. 이 도서관에는 병든 대지 의식이 어떤 효과가 있는지 설명한 해설서가 있지만, 해설서에는 의식을 거행하는 방법이 완전하게 적혀 있지는 않습니다. 그 대신 해설서는 병든 대지 의식의 완전한 내용을 수록한 문서가 바로 캐릭터들의 마을에 있음을 알려줍니다. 또한 도서관에는 젊은 마법사가 흥미를 느낄 만한 사령술 관련 마법서도 있습니다. 이 마법서에는 **언데드 퇴치, 망자 피하기, 시체 움직이기** 주술이 있습니다.

말라붙은 호수

병든 대지 안에는 저주받은 장소가 외딴곳에 자리 잡고 있습니다. 이 장소는 한때 아름답고 상냥한 어느 님프가 살던 호수로, 이제는 말라붙어 바닥을 드러냈습니다. 이 호수는 돌 제단이 있는 장소와 같은 칸이거나, 그와 인접한 칸에 있을 것입니다. 호수의 님프는 병든 대지의 어두운 마법 때문에 완전히 미쳐버렸으며, 말라붙은 호수 근처를 배회하면서 내키는 대로 접근하는 사람들을 공격합니다. ***울타리 너머, 또 다른 모험으로*** p.81에 있는 수치를 사용하세요. 캐릭터들은 어쩌면 님프의 광기를 치료하고 동료로 만들 수 있을지도 모릅니다. 이 호수는 님프와 강하게 이어져있기 때문에, 비록 병든 대지 안에 있는 장소이지만 오염을 치유할 수 있습니다. 호수를 치유하려면 요정의 샘에서 퍼온 순수한 물 한 병을 의식 재료로 삼아 2레벨 의식인 **정화 의식**을 치러야 합니다.

위기 수치와 위험요소의 계획

병든 대지는 인간의 눈으로는 보이지 않는 끔찍한 형상을 이루면서 물결처럼 서서히 주변으로 퍼집니다. 만약 누군가 이 현상을 막지 않는다면, 시간은 좀 걸릴지라도 병든 대지가 온 세상을 뒤덮을 것입니다. 병든 대지가 퍼질 때 그 영향을 받는 칸은 어떤 지역이었든 이제는 병든 대지의 일부분으로 간주합니다.

새 캠페인을 시작할 때, 병든 대지의 위기 수치는 3에서 시작합니다. 만약 캠페인 도중에 새로운 병든 대지가 나타난다면, 위 의식에서 설명한 대로 위기 수치를 1에서 시작합니다.

병든 대지는 다음 활동 표에 따라 움직입니다.

1d8	위기 효과
1	병든 대지는 퍼지지 않지만, 더욱 강력해집니다. 병든 대지의 위기 수치를 1 올립니다.
2	병든 대지 안에서 벌어지는 조우 확률이 영구적으로 1 오릅니다. 만약 조우 확률이 이미 6까지 올랐다면, 대신 병든 대지의 위기 수치를 1 올립니다.
3-6	병든 대지는 바깥으로 퍼지기 시작합니다. 병든 대지 중 가장자리 칸을 무작위로 하나 선택하세요. 해당 칸과 인접한 오염되지 않은 모든 칸은 이제 병든 대지로 바뀝니다.
7	육각형 모서리 중 하나를 무작위로 선택하세요. 모든 병든 대지는 그 방향으로 한 칸 퍼집니다.
8	병든 대지가 급속하게 퍼집니다. 병든 대지와 인접한 오염되지 않은 모든 칸은 이제 모두 병든 대지로 바뀝니다.

병든 대지

캠페인이 시작할 때, 또는 병든 대지가 퍼지기 시작할 때, 마스터는 캐릭터들에게 병든 대지와 관련된 옛날이야기를 소개하세요. 아마도 대대로 내려오는 전설일 것입니다.

병든 대지에서 물은 말라붙고, 식물은 시들며, 동물은 시름시름 앓다가 죽습니다. 지성 없는 언데드들은 떼를 지어 여기저기 떠돌면서 산 자의 온기를 찾아 헤맵니다. 방향감각은 이상하게 뒤틀리며, 방향은 아무 소용도 없어집니다. 이곳은 죽은 자의 땅입니다. 오직 어리석은 자들만이 병든 대지를 여행할 것입니다. 병든 대지로 바뀐 땅은 이제 다음에 소개하는 조우 표를 사용합니다.

최초로 병든 대지의 중심부에는 의식에 사용한 어두운 제단이 놓여 있습니다. 이곳을 한마디로 말하자면, 오직 악의의 힘으로 죽음과 부패를 한데 모은 자리입니다. 이 제단은 요술사가 자신의 생명을 바친 장소이며, 캐릭터들은 중심부 안의 저주받은 건물 중 한 군데에 있는 바로 이 제단에서 저주를 풀어야 합니다. 제단 주변에는 역귀만이 홀로 돌아다닙니다.

이 중심부 칸 중 어딘가에는 역귀의 일기가 있습니다. 이 일기는 문자 그대로 글로 쓴 일기일 수도 있지만, 역귀의 고통을 그림으로 나타낸 태피스트리일 수도 있고, 이 지역 어딘가에 적힌 노래나 시일 수도 있습니다. 이 일기를 얻은 플레이어들은 의식을 행한 마법사가 누구이며, 어디로 가야 더 많은 정보를 얻을 수 있을지 귀중한 단서를 얻을 수 있습니다.

지역: 병든 땅

이 지역은 도로가 있든 없든 항상 험지로 간주합니다. 병든 땅을 여행하는 모든 생물은 매일 독 극복 판정을 해서 실패하면 HP를 1점 잃습니다. 이 때문에 죽은 생물은 언데드로 다시 일어나 병든 땅을 영원히 헤맵니다. 그뿐 아니라, 병든 땅 안에서는 편하게 잘 수 없기 때문에 이 지역에 있는 동안 캐릭터들은 결코 휴식을 통해 HP를 회복할 수 없습니다.

병든 땅 안에서는 사냥과 채집을 할 수 없습니다.

조우 확률: 1d6 중 3 이하

1d6	병든 땅 지역 조우
1	**길을 잃었습니다! 지혜** 판정을 해서 길을 찾아야 합니다. 실패하면 방향을 잃고 헤매느라 하루를 허비합니다.
2-3	**걸어 다니는 망자. 지혜** 판정을 해서 실패하면 해골이나 좀비 2d8 마리에게 기습당합니다.
4	**부패. 지능** 판정을 해서 실패하면 식량 중 절반에 곰팡이가 피고 썩습니다.
5	**질병. 지혜** 판정을 해서 실패하면 동물 한 마리나 피고용인 한 명을 잃습니다.
6	**길 잃은 여행자. 매력** 판정을 해서 성공하면 병든 땅을 나가려고 길을 찾는 다급한 처지의 여행자와 친구가 됩니다.

플레이어의 행동

영리하고 강력한 마법사와 숲사람은 강력한 치유와 보호의 의식으로 얼마간 병든 땅의 확장을 지연할 수 있습니다. 하지만 병든 땅을 막는 유일한 길은 그 끔찍한 의식이 벌어진 장소에서 의식을 되돌리는 방법밖에 없습니다.

만약 플레이어들이 **병든 대지** 의식을 찾았다면, 의식을 깨뜨릴 방법 역시 알 수 있습니다. 의식을 깨뜨리려면, 역귀를 어둠의 의식이 벌어진 돌 제단으로 데려가야 합니다. 오직 이곳에서만 역귀를 영원히 죽여서 의식의 저주를 풀 수 있습니다. 하지만 역귀를 단순히 "살해한다면" 그냥 부활할 것입니다. 마스터는 어떻게 해야 의식을 되돌릴 수 있을지 명확한 방법을 정해야 합니다. 역귀는 증오와 죽음으로 만들어진 존재이므로, 용서와 치료, 창조, 새로운 생명이 역귀를 소멸할 수 있는 열쇠일 것입니다. 어쩌면 역귀에게 용서를 구하라고 설득해야 할 수도 있고, 혹은 역귀가 사라지는 순간 새로운 생명이 이 세상에 나타나야 할 수도 있습니다.

의식을 되돌리는 방법을 찾았다면 병든 땅을 치유하고, 대지가 삼킨 동식물과 사람들을 원래의 상태로 되돌릴 수 있습니다. 비록 죽은 생명을 되살릴 수는 없지만, 시간이 지나면 새로운 생명이 이 땅을 채울 것입니다. 대지를 치유한 용감한 농부와 숲사람을 기리는 노래가 역귀를 무찌른 영웅을 칭송하는 노래보다 더 오래 기억될 것입니다.

일부 주문이나 마법 물품은 병든 땅을 막고 대지의 고통을 더는 효과가 있습니다. 캐릭터는 식물 하나를 **드루이드의 손길** 캔트립으로 정성스럽게 돌보아서 구할 수 있습니다. 이 판정은 -10 페널티를 받습니다. **정화 의식**과 **완전한 회복** 의식은 역귀의 손길에 닿은 생존자를 치유할 수 있습니다. (아래 참조) **완벽한 건강** 의식은 지도 한 칸을 완벽하게 치유하지만, 이후 병든 땅이 이 칸에 다시 퍼지는 것을 막을 수는 없습니다.

마력 소멸과 **부활** 의식은 역귀를 다시 사람으로 되돌려 놓을 수 있으며, 저주를 완전히 제거합니다.

마법 무효화 의식은 역귀나 병든 땅에 아무 효과도 없습니다. **마녀의 축복** 역시 병든 땅을 치료할 수 없습니다.

그 밖의 다른 마법 물품이나 NPC 역시 비슷한 방법으로 영향을 줄 수 있으나, 병든 땅을 완전하게 치료할 수는 없습니다. PC들은 어쩌면 방방곡곡에서 자신들을 돕는 아군들을 만날 수도 있습니다. 어떤 사람은 PC들의 싸움을 돕기 위해 마법의 샘물을 건네줄 것이며, 또 어떤 하플링 농부들은 PC들의 설득에 힘입어 평범한 환경에서는 수확할 수 없는 상처 입은 땅을 경작할지도 모릅니다.

NPC와 괴물들

역귀

역귀는 어둠의 의식을 치러서 대지를 병들게 한 저주받은 인물입니다. 저희가 소개하는 역귀는 의식을 치를 당시에 3레벨 마법사였기 때문에, 체력 주사위가 3입니다. 여러분 캠페인의 역귀는 좀 더 강할 수도, 좀 더 약할 수도 있습니다.

체력 주사위: 3d8 (13 HP)
장갑: 16
공격: 명중 +3, 피해 1d8 (검) 또는 손길 (아래 항목 참조)
가치관: 오직 증오만 남았습니다.
경험치: 500
참고: *역병의 의식* (역귀는 3레벨 의식인 **작은 물체 생명 부여**, 6레벨 의식인 **전염병**을 사용할 수 있습니다. 판정은 자동으로 성공합니다), *역병의 손길* (누구든 역귀의 손길에 닿은 상대는 독 극복 판정을 해서 실패하면 **건강** 1점을 잃습니다. 역귀의 손길로 **건강**이 3 이하로 떨어진 상대는 좀비가 됩니다), 불멸 (역귀는 언데드이므로 수면이나 휴식을 취하지 않습니다. 또한 잠이나 매혹 효과도 받지 않습니다), 불사 (역귀는 불사신입니다. 역귀는 파괴된 후에도 자신을 붙들어 놓는 아티팩트의 힘으로 밤이 되면 부활합니다), *마법* (역귀는 3레벨 마법사로, 하루에 주술을 3개 사용하며 3레벨 이하의 의식을 사용할 수 있습니다. 역귀는 **울부짖음**, **마력의 방패**, **시체 움직이기** 주술과 **폭풍 부르기**, **작은 물체 생명 부여** 의식을 선호합니다), *진실한 이름* (역귀는 이 끔찍한 저주가 있기 전부터 진실한 이름을 가졌기 때문에, 자신의 진실한 이름을 아는 적에게 취약해집니다)

병든 대지의 식물

병든 대지의 식물은 정상적인 장소보다 훨씬 불길한 태양의 온기 아래에서 죽었다가 되살아난 언데드 식물입니다. 병든 대지에서 되살아난 식물은 원래 모습과 비슷하지만 어딘가 병들어 보이며, 때때로 죽은 상태임에도 불구하고 엄청난 크기로 자랍니다. 다음 수치는 사람이 밟으면 요란한 소리를 내는 마룻바닥이나 누군가 들어가려고 하면 무너져서 침입자를 덮치는 출입구처럼 병든 대지 내에서 사악한 지성을 갖추게 된 무생물을 나타내는 데에도 쓸 수 있습니다.

체력 주사위: 2d8 (9 HP)
장갑: 12
공격: 명중 +0, 피해 1d8 (때리기)
가치관: 중립
경험치: 40

검은 점액

검은 점액은 병든 대지 중심부에 사는, 지저분하고 끈적끈적한 점액질 괴물로, 오직 불에만 피해를 받습니다. 이 괴물은 유기물을 마주치면 무엇이든지 검은 몸으로 뒤덮어서 소화합니다. 비록 일정한 형체도, 눈도 없지만, 검은 점액은 생물의 살을 비정상적으로 좋아하기 때문에 살아 있는 사냥감의 냄새를 맡으면 끌려가듯 다가갑니다.

체력 주사위: 10d8 (45 HP)
장갑: 3
공격: 명중 +10, 피해 3d8 (감싸기)
가치관: 중립
경험치: 1,750
참고: *피해 면역* (검은 진흙은 불과 마법적 공격, 그리고 주문에만 피해를 받습니다),

병든 대지 위험요소 시트

위기

___

위기 효과

1	병든 대지는 퍼지지 않지만, 더욱 강력해집니다. 병든 대지의 위기 수치를 1 올립니다.
2	병든 대지 안에서 벌어지는 조우 확률이 영구적으로 1 오릅니다. 만약 사건 확률이 이미 6까지 올랐다면, 대신 병든 대지의 위기 수치를 1 올립니다.
3-6	병든 대지는 바깥으로 퍼지기 시작합니다. 병든 대지 중 가장자리 칸을 무작위로 하나 선택하세요. 해당 칸과 인접한 오염되지 않은 칸은 이제 병든 대지로 바뀝니다.
7	육각형 모서리 중 하나를 무작위로 선택하세요. 모든 병든 대지는 그 방향으로 한 칸 퍼집니다.
8	병든 대지가 급속하게 퍼집니다. 병든 대지와 인접한 오염되지 않은 칸은 이제 모두 병든 대지로 바뀝니다.

조우 ___/6

1	**길을 잃었습니다! 지혜** 판정을 해서 길을 찾아야 합니다. 실패하면 방향을 잃고 헤매느라 하루를 허비합니다.
2-3	**걸어 다니는 망자. 지혜** 판정을 해서 실패하면 해골이나 좀비 2d8 마리에게 기습당합니다.
4	**부패. 지능** 판정을 해서 실패하면 식량 중 절반에 곰팡이가 피고 썩습니다.
5	**질병. 지혜** 판정을 해서 실패하면 동물 한 마리나 피고용인 한 명을 잃습니다.
6	**길 잃은 여행자. 매력** 판정을 해서 성공하면 병든 땅을 나가려고 길을 찾는 다급한 처지의 여행자와 친구가 됩니다.

병든 대지의 효과

- 병든 대지를 여행하는 동안 매일 독 극복 판정을 해서 실패하면 HP를 1점 잃습니다. (이 때문에 죽은 생물은 언데드로 돌아옵니다)
- 병든 대지에 있는 동안 캐릭터들은 결코 휴식을 통해 HP를 회복할 수 없습니다.
- 병든 대지에 있는 동안 안전한 물을 찾을 수 없습니다. (물 없이 보내는 날마다 모든 판정에 -1 페널티가 누적됩니다)

병든 대지에 맞서는 주문

- **드루이드의 손길** (캔트립) - *-10 페널티를 받고 캔트립 판정을 하면 식물 하나를 정성스럽게 보살펴서 구할 수 있습니다.*
- **정화 의식** (2레벨 의식), **완전한 회복** (6레벨 의식) - *살아있는 생존자에게 영향을 미치는 역병의 효과를 치유합니다.*
- **완벽한 건강** (9레벨 의식) - *지도 한 칸을 치유합니다.*
- **마력 소멸, 부활** (10레벨 의식) - *역귀에게 생명을 되찾아 주고, 아티팩트의 효과를 없앱니다.*

단서 목록

- [ ] 버려진 마을
- [ ] 귀신 붙은 도서관
- [ ] 옛날이야기
- [ ] 역귀의 이야기
- [ ] 병든 대지 의식
- [ ] 중심부의 아티팩트

병든 대지의 거주자들

역귀
체력 주사위: 3d8 (13 HP)
장갑: 16
공격: 명중 +3, 피해 1d8 (검) 또는 손길 (아래 항목 참조)
가치관: 오직 증오만 남았습니다.
경험치: 500
역병의 손길: 상대는 독 극복 판정을 해서 실패하면 **건강** 1점을 잃습니다. 역귀의 손길로 **건강**이 3 이하로 떨어진 상대는 좀비가 됩니다.
불사: 역귀는 파괴된 후에도 아티팩트 앞에서 부활합니다.
불멸: 역귀는 잠이나 매혹 효과를 받지 않습니다.
마법: 3레벨 마법사
역병의 의식: 역귀는 시간만 주어진다면 다음 의식을 자유롭게 사용할 수 있습니다: **작은 물체 생명 부여** (3레벨), **전염병** (6레벨)
진실한 이름: 진실한 이름을 외친 상대는 역귀에게 +5 보너스를 받습니다.

병든 대지의 식물
체력 주사위: 2d8 (9 HP)
장갑: 12
공격: 명중 +0, 피해 1d8 (때리기)
가치관: 중립
경험치: 40

해골
체력 주사위: 1d8 (4 HP)
장갑: 13
공격: 명중 +1, 피해 1d8 (장검)
가치관: 중립
경험치: 20
참고: 잠과 매혹 효과 면역

좀비
체력 주사위: 1d6 (4 HP)
장갑: 10
공격: 명중 +0, 피해 1d6 (손톱)
가치관: 중립
경험치: 15
참고: 잠과 매혹 효과 면역

검은 진흙
체력 주사위: 10d8 (45 HP)
장갑: 3
공격: 명중 +10, 피해 3d8 (감싸기)
가치관: 중립
경험치: 1,750
참고: *피해 면역* (검은 진흙은 불과 마법적 공격, 그리고 주문에만 피해를 받습니다)

구울
체력 주사위: 2d8 (9 HP)
장갑: 14
공격: 명중 +3, 피해 1d4 (손톱)
가치관: 혼돈
경험치: 250
참고: *죽음의 손길* (구울의 손길에 닿은 상대는 독 극복 판정을 해서 실패하면 1d4라운드 동안 얼어붙은 듯이 몸을 움직이지 못합니다. 구울의 손톱으로 죽은 상대는 구울이 되어 깨어납니다)

회색 왕자

회색 왕자는 인간 아이의 꿈과 공포를 먹고 사는 영으로, 오래전 캐릭터들을 괴롭히던 끔찍하고 사악한 존재입니다. 그는 원하는 모습을 자유자재로 취하며, 눈 깜짝할 사이에 세상 어디든지 갈 수 있습니다. 회색 왕자는 공포가 가득 찬 어두운 거점을 통해 이 세계에 들어와, 종종 희생자들을 장난감 삼아서 자기 왕국으로 끌고 가곤 합니다. 캐릭터들은 어릴 적에 회색 왕자와 대면했지만, 우정의 힘으로 그를 격퇴했습니다. 최근, 회색 왕자는 이 세계로 돌아올 방법을 찾았고, 자신에게 치욕을 안긴 캐릭터들에게 복수를 꿈꾸고 있습니다.

이 위험요소는 캠페인을 공포와 부딪혀서 성장하는 이야기로 만듭니다. 다른 위험요소와는 달리 캐릭터들은 각오만 되어 있다면 언제든 원할 때 회색 왕자와 대면할 수 있습니다. '회색 왕자'는 캐릭터들의 고통스러운 과거와 우정을 파헤치기를 원하는 플레이어들에게 적합한 위험요소입니다.

캐릭터를 만드는 동안

마스터는 플레이어 캐릭터들이 플레이북에서 습득하는 처음 여섯 가지 기능을 기록해 두세요. 이 기능을 익히는 과정은 캐릭터들의 어린 시절에서 큰 비중을 차지하기 때문에, 이후 회색 왕자에게도 중요한 기능이 될 것입니다.

마을 지도에서 플레이어들이 두 번째로 만드는 위치는 회색 왕자와 커다란 관련이 있습니다. 어쩌면 이 장소 아래에 회색 왕자가 몸을 숨기는 일련의 땅굴이 있을지도 모르고, 아니면 회색 왕자가 무슨 이유이든 간에 이 장소를 유난히 좋아할 것입니다.

마스터는 마을 지도에 아무것도 자라지 않는 환상열석이나, 마을 사람들이 아무도 사용하지 않는 저주받은 우물처럼 무시무시하고 초자연적인 장소를 한 군데 추가하세요. 회색 왕자는 캐릭터들이 태어나기 훨씬 전에 이곳에 무언가 끔찍한 짓을 저질렀고, 어른들은 그 이야기를 입에 담기 꺼립니다. 회색 왕자는 인간 세계에 들어오는 출입구로 이 장소를 사용할 수 있습니다.

플레이어가 캐릭터의 어린 시절에 두 번째 표를 굴릴 때 ("여러분은 어린 시절을 어떻게 보냈나요?"), 회색 왕자는 추가 능력을 얻습니다. 각 플레이어의 굴림 결과를 적어두세요.

엘프나 드워프, 하플링 같은 일부 플레이북은 이 표가 없습니다. 표가 없는 캐릭터는 다른 일행과 달리 회색 왕자에게 능력을 주지 않습니다. 대신, 이들 캐릭터는 과거 회색 왕자의 악행 때문에 피해를 받았으며, 아마도 그 때문에 자신의 고향을 떠나 인간의 땅으로 왔을 것입니다.

캐릭터들은 어릴 적에 모두 회색 왕자의 괴롭힘에 시달렸지만, 결국 두려움을 정면으로 마주 보고 무찔렀습니다. 원한다면 마스터와 플레이어들은 이 싸움을 묘사할 수 있습니다. 이 이야기는 회색 왕자가 앞에서 언급한 마을의 그 무서운 장소로 도망치는 결말로 끝나야 합니다. 중요한 것은, 회색 왕자가 힘을 합쳐 자신에게 맞선 캐릭터들의 우정의 힘을 결코 이해하거나 인정하지 않는다는 사실입니다.

마지막으로, 캐릭터 중 적어도 한 명은 캐릭터 만들기 단계 중에 다음 표를 네 번째 굴림으로 추가합니다.

캐릭터의 과거

1d6	여러분은 회색 왕자와 어떻게 연결되어 있나요?	습득
1	여러분의 부모님은 회색 왕자에게 빼앗긴 또 다른 자녀의 이야기를 좀처럼 입 밖에 꺼내지 않습니다. 여러분의 형제자매는 아직도 회색 왕자의 왕국에서 헤매고 있나요?	-1 매력, 기능: 경계
2	어릴 적 여러분은 회색 왕자에게 유괴당해서 그의 왕국에 끌려갔지만, 여러분은 간신히 탈출했습니다. 하지만 여러분의 일부분은 여전히 그 곳에 남아 있습니다.	-1 지능, +1 지혜
3	여러분이 아주 어릴 적에, 나이 많은 아이 하나가 여러분을 회색 왕자에게 넘기려고 했습니다. 여러분은 그 자리에서 도망치면서 첫걸음을 뗐습니다.	-1 지혜, +1 민첩성
4	여러분은 회색 왕자의 어두운 거점 중 한 군데에 홀로 사흘 동안 붙잡혀 있었습니다. 회색 왕자는 결국 여러분을 풀어주었지만, 여러분은 아직도 그 이유를 알지 못합니다.	-1 근력, 기능: 방향 감각
5	어릴 적 여러분은 마을 사람 몇 명의 목숨을 앗아간 질병 때문에 겁에 질렸습니다. 어린 시절 내내 회색 왕자는 여러분에게 이 질병을 조금씩 보냈습니다.	-1 건강, 기능: 약초 지식
6	여러분은 어느 날 밤 침대 옆에 나타난 회색 왕자의 얼굴을 밤새워 지켜보았습니다. 때때로 여러분은 그 기억 때문에 등골이 싸늘해지곤 합니다.	-1 민첩성, +1 지혜

캠페인 지도에는

회색 왕자는 캠페인 지도에 거의 영향을 주지는 않지만, 인간의 땅 어디든지 손을 뻗을 수 있습니다. 플레이어들이 캠페인 지도를 만들 때, 주요 장소이든 소규모 장소이든 인간들이 현재 살거나 이전에 살았던 장소는 모두 기록해 두세요. 회색 왕자는 이러한 장소마다 인간 세상으로 들어와 사람들을 집어삼킬 수 있는 어두운 거점을 가지고 있습니다. 회색 왕자의 거점은 항상 아이들이 무서워할 만한 곳입니다. 특히 회색 왕자는 마른 우물이나 성지 아래에 있는 지하 묘지, 버려진 풍차 같은 곳을 선호합니다. 회색 왕자는 이러한 어두운 거점을 통해 자신의 왕국에서 우리 세계로 들어옵니다.

회색 왕자의 왕국

회색 왕자는 꿈과 악몽으로 가득 찬 자신의 차원에서 거주합니다. 만약 캐릭터들이 회색 왕자의 어두운 거점을 통해 이 왕국으로 들어오려 한다면, 길을 잃고 왕국 안에서 헤맬 가능성이 있습니다. 캠페인의 어느 시점부터, 캐릭터들은 자발적으로 어두운 거점 중 한 군데로 가서 회색 왕자의 왕국으로 들어올 수 있습니다. 비록 끔찍한 일이 기다릴 수도 있지만 말입니다.

만약 캐릭터들이 회색 왕자의 어두운 거점 중 한 곳에 있다면 반드시 길을 잃게 되며, 길을 잃은 다음 찾아가기를 원하는 목적지를 선택해야 합니다. 목적지는 회색 왕자의 왕국일 수도 있고, 원래 세계일 수도 있습니다. 어디로 가려고 하든 캐릭터들은 악몽 장면을 플레이해서 어릴 적 공포가 끔찍한 현실로 나타나는 복잡한 공간을 헤매야 합니다.

악몽 장면

회색 왕자의 왕국을 지나는 동안, 캐릭터들은 현실 세계가 아닌 꿈의 구조와 법칙을 따라야 합니다. 이곳에서 벌어지는 각 장면은 이전 장면과 전혀 연결되지 않으며, 캐릭터들은 장면마다 새롭게 난관에 부딪혀야 합니다. 각 장면에는 캐릭터 중 한 명이 가진 기능과 관련이 있는 난관이 준비되어 있으며, 캐릭터들을 방해하는 골칫거리도 하나씩 있습니다. 마스터는 캐릭터의 성격과 경험에 맞추어서 각 장면을 준비하세요.

플레이어들이 악몽 장면을 시작하면, 마스터는 d6 두 개와 d12를 굴립니다. 만약 d12의 결과가 회색 왕자의 위기 수치보다 낮다면, 회색 왕자는 이번 장면에서 캐릭터들 앞에 나타날지 선택할 수 있습니다. 만약 d12의 결과가 정확히 위기 수치와 같다면 반드시 나타납니다. 두 d6의 결과는 꿈의 장면이 어떻게 구성될지를 결정합니다. 처음 주사위는 난관 표에서 PC들이 가진 기능 중 하나를 선택할 때 사용하고, 다른 주사위는 꿈이 어떤 불길한 모습으로 나타날지 세부사항을 정할 때 사용합니다. 캐릭터 중 한 명은 반드시 이 난관을 극복하기 위한 시도를 해야 합니다. 난관을 극복하는 데 실패하면 캐릭터들은 심각한 위험에 빠집니다. 만약 첫 번째 PC가 실패하면 캐릭터는 다음 피해 결과를 굴릴지, 아니면 다른 PC가 일행들을 구하도록 맡길지 결정해야 합니다. 만약 두 PC 모두 판정에 실패하거나 아무도 위험을 무릅쓰지 않는다면, 일행은 누군가의 도움을 받지 않는 한 이 특정한 악몽 속에 영원히 갇힙니다.

난관

플레이어들이 캐릭터를 만들 때 배운 처음 여섯 가지 기능을 위험요소 시트에 있는 난관 표에 채우세요. 만약 이 여섯 가지 기능이 기억나지 않거나 새로운 캐릭터가 일행에 들어왔다면, 그냥 캐릭터 일행이 아는 아무 기능 여섯 가지를 집어넣으세요. 주사위 결과는 캐릭터가 회색 왕자의 왕국으로 가기 위해 극복해야 하는 난관을 결정합니다. 만약 이전 난관과 똑같은 결과가 나왔다면, 캐릭터들이 표에 나온 모든 기능을 최소한 한 번씩 사용할 때까지는 다른 기능을 선택하세요.

골칫거리

1. **감금.** 누군가 이 꿈에 갇혀서 캐릭터들에게 도와달라고 애원합니다. 아마도 회색 왕자가 마을에서 잡은 사람일 것입니다.
2. **공격.** 회색 왕자의 괴물 하나가 캐릭터를 공격해서 난관을 극복하지 못하도록 막습니다.
3. **분열.** 이 꿈 안에서 캐릭터들은 따로따로 떨어져서 서로를 돕지 못합니다. 하지만 플레이어 중 누군가가 난관을 극복하는 데 성공하면 모두 빠져나갈 수 있습니다.
4. **박탈.** 캐릭터들은 이번 장면에서 자신의 장비와 동료, 피고용인, 애완동물 등을 활용하지 못합니다.
5. **악화.** 캐릭터는 자신의 가장 높은 능력치로 판정을 할 때 무조건 실패합니다. 플레이어들이 판정을 시도하기 전에, 무언가 이상하다고 미리 경고하세요.
6. **기만.** 거짓 친구가 나타납니다. 이 NPC는 이후 어딘가 장면에서 플레이어들을 배신할 것입니다. 거짓 친구는 가짜 안내인일 수도 있고, 구조를 요청하는 척하는 적일 수도 있고, 회색 왕자의 왕국에 있는 "원주민"일 수도 있습니다.

피해 결과

1. 무작위로 능력치 1점을 잃습니다.
2-5. 피해 2d4점을 받습니다.
6.무작위로 기능 하나를 잃습니다.

회색 왕자의 왕국 안에서 목적지에 도달하려면 반드시 각 PC가 한 번씩 악몽 장면에서 난관을 극복해야 합니다. 만약 원래 세상으로 돌아가기를 원한다면, 반드시 일행 중 가장 레벨이 낮은 PC의 레벨과 같은 수만큼 악몽 장면을 거쳐야 합니다. 돌아갈 때는 난관 극복에 실패해도 피해 결과만 굴릴 뿐, 길을 잃어버리지는 않습니다.

예: 캐릭터들은 회색 왕자의 왕국을 지나가면서 일련의 악몽 장면을 겪습니다. 회색 왕자의 위기 수치는 4입니다. 마스터를 맡은 존은 1d6 두 개를 굴려 캐릭터들이 이 장면에서 운동 기능과 연관이 있는 난관을 극복해야 하며, 골칫거리로는 '감금'이 등장한다고 정했습니다. d12를 굴려 나온 결과는 2이므로, 회색 왕자는 이번 장면에 나타날 수도, 나타나지 않을 수도 있습니다. 존은 지금 회색 왕자가 나타나기는 너무 이르다고 생각하고 등장을 미루었습니다.

존은 캐릭터들의 과거와 두려움을 이용해서, 격류가 흐르는 커다란 강이 캐릭터들의 눈앞에 나타났다고 묘사합니다. 이 강은 도축장에서 나온 각종 피와 내장으로 가득 차 있으며, 회색 왕자의 부하 몇몇이 강 건너편에서 껑충껑충 뛰고 있습니다. 강의 가운데에는 작은 섬이 있는데, 캐릭터 중 한 명은 자신의 잃어버린 동생이 섬에서 꽃잎을 따는 모습을 목격합니다.

질이 플레이하는 귀족의 말괄량이 딸 안나는 성의 해자에서 수영을 배운 기억을 떠올리며 운동 판정에 쉽게 성공합니다. 안나는 물살을 헤치고 나아가 잃어버린 아이를 구출합니다. 장면은 바뀌고… 이제 캐릭터들은 다음 악몽 장면으로 넘어가며, 다른 캐릭터가 새로운 난관을 극복해야 합니다.

유대의 의식

아주 오래전, 이 땅의 사람들은 회색 왕자와 비슷한, 아니 어쩌면 모습만 바꾼 똑같은 괴물의 공격에 시달렸습니다. 하지만 어느 한 무리의 평민이 결국 이 괴물을 무찔렀습니다. 이들은 강력한 영웅이 아닌, 그저 힘을 합쳐 공포에 맞선 평범한 사람들이었습니다.

이들은 서로를 굳게 묶는 강력한 의식을 치른 후에야 회색 왕자와 싸울 수 있었습니다. 이 의식은 마법의 주문이 아니라 서로를 향한 사랑의 표시입니다. 의식의 완전한 내용은 이제 사라졌지만, 이 용감한 친구들의 이야기는 조금이나마 전해지고 있습니다.

의식을 한데 모으려면, 의식을 구체적으로 설명한 단서 일곱 가지를 얻어야 합니다. 각 단서를 얻으려면 서로 다른 출처에서 각각 다른 능력치 판정을 사용해야 합니다. 예를 든다면 새로운 이야기꾼을 만났을 때 **매력** 판정으로 장로들에 관한 이야기를 듣거나, 옛 문서를 발견해서 **지능** 판정으로 잊힌 전승들을 짜 맞추는 방법 등이 있습니다. 혹은 **지혜** 판정으로 꿈을 해석하는 등 좀 더 창의적인 수단을 쓸 수도 있을 것입니다.

캐릭터들이 의식의 단서를 하나로 모으는데 성공한다면, 초승달이 뜨는 밤에 유대의 의식을 치를 수 있습니다. 어느 일행이든 이 의식을 치를 수 있으며, 굳이 마법사가 필요하지는 않습니다. 의식을 치른 다음부터 캐릭터들은 회색 왕자에 맞설 때 몇 가지 이점을 얻습니다. 우선, 캐릭터들은 이제 회색 왕자의 환상을 완전히 꿰뚫어볼 수 있으며, 언제나 진정한 왕자를 볼 수 있습니다. 그리고 캐릭터들은 회색 왕자의 '강점 이용하기' 능력의 영향을 더는 받지 않습니다. 만약 캐릭터 중 누구든지 위험 앞에서 혼자 도망가는 행동처럼 친구들을 저버리는 짓을 저질렀다면, 의식의 효과는 영영 사라지며 더는 다시 의식을 치를 수 없습니다.

위기 수치와 위험요소의 계획

회색 왕자는 조용하게, 하지만 끊임없이 이 세계에 공포를 퍼뜨립니다. 그는 사람들이 인지할 수 있는 세상 너머에서 움직이면서 아이들을 납치하고 마을을 광기로 물들입니다.

회색 왕자는 캠페인에 나타날 때 위기 수치를 2로 시작합니다. 게임 달력에서 하지점과 동지점을 표시하세요. 만약 캐릭터들이 다음 지점이 오기 전까지 회색 왕자와 대면해서 격퇴하지 않는다면, 위기 수치를 1 올립니다. 만약 캐릭터들이 회색 왕자와 대면해서 도망가지 않았다면, 위기 수치를 그대로 둡니다. 회색 왕자는 언제나 다음 활동 표에 따라 움직입니다.

1d6	위기 효과
1	회색 왕자는 캐릭터들의 고향 마을에서 희생자를 하나 납치해 자신의 어두운 왕국으로 끌고 갑니다. 회색 왕자가 가장 선호하는 희생자는 아이나 홀로 사는 사람이지만, 누구든 괜찮습니다.
2	회색 왕자는 캐릭터들의 고향 마을에 공포와 광기를 퍼뜨립니다. 무작위로 중요한 NPC 한 명이 회색 왕자가 보낸 끔찍한 환상을 보기 시작합니다. 해당 NPC는 신체 변형 극복 판정을 하세요. 판정에 실패하면 이 NPC는 마을에서 살인이나 방화 같은 끔찍한 짓을 저지릅니다.
3	회색 왕자는 캐릭터들의 고향 마을 외의 다른 인간 정착지에서 희생자를 하나 납치합니다. 이 결과는 표의 1번 결과와 같지만, 캠페인 지도에서 무작위로 다른 인간 정착지 하나를 선택하세요.
4	회색 왕자는 캐릭터들의 고향 마을 외의 다른 인간 정착지에서 공포와 광기를 퍼뜨립니다. 이 결과는 표의 1번 결과와 같지만, 캠페인 지도에서 무작위로 다른 인간 정착지 하나를 선택하세요.
5-6	캐릭터들에게 오래전 겪은 패배에 여전히 앙심을 품은 회색 왕자는 무작위로 PC 하나를 선택해 끔찍한 꿈을 꾸게 합니다. 해당 캐릭터는 매일 밤 신체 변형 극복 판정을 합니다. 만약 판정에 성공하면 더는 악몽을 꾸지 않습니다. 만약 판정에 실패하면 다음 날 모든 판정에 -2 페널티를 받으며, 악몽은 계속 이어집니다. 다음 날 밤에 새로 극복 판정을 하세요.

NPC와 괴물들

소공자

회색 왕자의 작고 끔찍한 추종자인 소공자들은 주인의 왕국에 접근하는 자들이라면 누구든지 공격할 것입니다. 이들은 어쩌면 그저 회색 왕자의 여러 일면일지도 모릅니다. 소공자들은 흐릿한 그림자 괴물의 모습을 하고 있습니다. 한두 마리 정도로는 거의 해가 없지만, 떼를 지으면 무서운 상대가 됩니다.

체력 주사위: 1d4 (3 HP)
장갑: 8
공격: 명중 +1, 피해 1 (야금야금 깨물기)
가치관: 혼돈
경험치: 10
참고: *살금살금* (소공자들은 적보다 수가 많지 않을 때 항상 적을 기습합니다. 기습당한 적은 첫 라운드 동안 아무 행동도 할 수 없습니다), *푹!* (소공자는 목표로 하는 적 바로 뒤 순서로 공격을 미루는 대신 명중에 +3 보너스를 받을 수 있습니다), *무리* (소공자는 다른 소공자에게 에워싸인 적을 공격할 때 명중에 +1 보너스를 받습니다)

꿈의 거주자

꿈의 거주자들은 회색 왕자의 왕국과 어두운 거점에서 사는 기이한 생물들입니다. 이들은 회색 왕자와 연결된 것처럼 보이지 않으며, 심지어는 길을 잃은 사람들을 도와주기도 합니다. 이들은 어쩌면 회색 왕자에게 죽은 이들의 영혼일 수도 있고, 비교적 상냥한 회색 왕자들의 친족들일 수도 있습니다.

체력 주사위: 3d8 (11 HP)
장갑: 10
공격: 명중 +1, 피해 1d6 (손길)
가치관: 중립
경험치: 75
참고: *뜻밖의 도움* (꿈의 거주자는 왕자의 왕국 안에서 아무 캐릭터에게 난관을 극복하는 판정에 +2 보너스를 줄 수 있습니다)

회색 악몽

회색 악몽은 회색 왕자의 으뜸가는 추종자이거나 왕자의 또 다른 일면으로, 상대가 가장 두려워하는 모습으로 나타나는 악몽의 야수들입니다.

체력 주사위: 5d8 (18 HP)
장갑: 17
공격: 명중 +5, 피해 1d10 (때리기)
가치관: 혼돈
경험치: 250

참고: *끔찍한 공포* (회색 악몽에게 직접 공격당한 캐릭터는 신체 변형 판정을 해서 실패하면 1d12 라운드 동안 공포에 휩싸여 도망칩니다), *푹!* (회색 악몽은 목표로 하는 적 바로 뒤 순서로 공격을 미루는 대신 명중에 +3 보너스를 받을 수 있습니다)

회색 왕자

회색 왕자는 결코 일반적인 기준으로 측정할 수 없는 끔찍한 적입니다. 회색 왕자는 두 가지 복잡한 능력을 가지고 있는데, 아래 항목에서 설명합니다.

체력 주사위: Xd12 (?? HP)
장갑: 20 + X
공격: 명중 +X, 피해 Xd4 (손길)
가치관: 혼돈
경험치: 특수

참고: *강점 이용하기* (아래 참조), *공포* (모든 적은 신체 변형 극복 판정을 해서 실패하면 강력한 공포에 사로잡혀 회색 왕자 앞에서 도망치기 전까지 모든 판정에 -3 페널티를 받습니다), *환상의 대가* (회색 왕자는 현실 세계에 있는 동안 자유롭게 환상 짜기를 사용할 수 있으며, 어두운 거점에서는 **고급 환상** 주술을, 자신의 왕국에서는 환상과 관련한 모든 캔트립과 주술, 의식을 사용할 수 있습니다), *최대 HP* (회색 왕자는 HP를 정할 때 주사위를 굴리지 않고, 무조건 체력 주사위 당 HP 12점씩을 받습니다), *악몽 같은 속도* (회색 왕자는 비전투 상황에서 자신의 왕국과 현실 세계, 어두운 거점들을 생각의 속도로 오갈 수 있습니다), *특별한 경험* (회색 왕자를 파괴하는데 기여한 모든 캐릭터는 자동으로 1레벨을 상승시킵니다), *진실한 이름* (회색 왕자는 자신의 진실한 이름을 아는 적에게 취약해집니다), *유연한 수치* (회색 왕자의 수치는 자신이 맞서는 적에 따라 바뀝니다. 회색 왕자의 수치 항목에 있는 'X'는 회색 왕자와 맞서는 일행 중 가장 높은 캐릭터의 레벨과 같습니다), *약점* (아래 참조)

강점 이용하기 - 어릴 때 회색 왕자와 접촉한 모든 캐릭터는 회색 왕자 앞에서 취약해집니다. 강점 이용하기 능력은 각 캐릭터의 플레이북에 있는 어린 시절 두 번째 표에 연결되어 있습니다. 아래는 캐릭터 플레이북의 어린 시절 두 번째 표를 옮긴 내용이며, 결과마다 회색 왕자의 능력과 어떻게 연결되어 있는지 설명되어 있습니다.

1. 때로 아이들은 싸우곤 하지요. 여러분은 절대 진 적이 없습니다. 회색 왕자는 해당 캐릭터의 물리적인 공격에 피해를 받지 않습니다.

2. 여러분이 이기지 못하는 시합은 없었습니다. 해당 캐릭터는 회색 왕자의 어두운 거점에서 **민첩성** 판정을 자동 실패합니다. 캐릭터는 행운 점수를 사용해서 판정을 다시 시도할 수 있습니다.

3. 여러분은 이 근방에서 가장 튼튼한 아이였습니다. 회색 왕자가 해당 캐릭터를 공격하면 공격이 자동으로 명중합니다.

4. 여러분이 모르는 비밀은 없었습니다. 해당 캐릭터는 회색 왕자의 어두운 거점에서 **지능** 판정을 자동 실패합니다. 캐릭터는 행운 점수를 사용해서 판정을 다시 시도할 수 있습니다.

5. 여러분은 공감을 잘 해주었기 때문에 사람들이 이런저런 이야기를 털어놓았습니다. 해당 캐릭터는 회색 왕자와 대면했을 때, 마법 주문처럼 무언가 중요한 사실을 기억해 내려면 **지능** 판정에 성공해야 합니다.

6. 여러분은 누구에게나 사랑받았습니다. 해당 캐릭터는 회색 왕자의 어두운 거점에서 **매력** 판정을 자동 실패합니다. 캐릭터는 행운 점수를 사용해서 판정을 다시 시도할 수 있습니다.

7. 여러분은 남의 문제를 잘 해결해주었지만, 자기 사정은 털어놓지 않았습니다. 해당 캐릭터가 회색 왕자의 어두운 거점에서 남을 도와준다면, 도움을 받는 캐릭터는 판정에 보너스 대신 -2 페널티를 받습니다.

8. 사람들은 저마다 가르칠 것이 있습니다. 여러분은 여러 사람에게 이런저런 것들을 조금씩 배웠습니다. 해당 캐릭터는 회색 왕자와 대면했을 때, 자신이 아는 기능의 보너스를 받을 수 없으며 다른 캐릭터의 도움을 받을 수도 없습니다.

약점 - 회색 왕자의 유일한 약점은 우정과 동료애입니다. 만약 플레이어들이 이 사실을 간파한다면 활용할 수 있습니다. 회색 왕자와 대면했을 때, 누구든 자신의 차례를 포기한 캐릭터는 일행 중 한 명에게 큰 보너스를 줄 수 있습니다. 도움을 받은 캐릭터는 회색 왕자를 노리는 공격에 +5 보너스를 받으며, 최대 피해를 줄 수 있습니다.

회색 왕자 위험요소 시트

위기

1d6위기 효과

1	회색 왕자는 캐릭터의 고향 마을에서 희생자를 하나 납치해 자신의 어두운 왕국으로 끌고 갑니다. 회색 왕자가 가장 선호하는 희생자는 아이들과 홀로 사는 이들이지만, 누구든 괜찮습니다.
2	회색 왕자는 캐릭터의 고향 마을에 공포와 광기를 퍼뜨립니다. 무작위로 중요한 NPC 한 명이 회색 왕자가 보낸 끔찍한 환상을 보기 시작합니다. 해당 NPC는 신체 변형 극복 판정을 하세요. 판정에 실패하면 이 NPC는 마을에서 살인이나 방화 같은 끔찍한 짓을 저지릅니다.
3	회색 왕자는 캐릭터의 고향 마을 외의 다른 인간 정착지에서 희생자를 하나 납치합니다. 이 결과는 표의 1번 결과와 같지만, 캠페인 지도에서 무작위로 다른 인간 정착지 하나를 선택하세요.
4	회색 왕자는 캐릭터의 고향 마을 외의 다른 인간 정착지에서 공포와 광기를 퍼뜨립니다. 이 결과는 표의 1번 결과와 같지만, 캠페인 지도에서 무작위로 다른 인간 정착지 하나를 선택하세요.
5-6	캐릭터들에게 오래전 겪은 패배에 여전히 앙심을 품은 회색 왕자는 무작위로 PC 하나를 선택해 끔찍한 꿈을 꾸게 합니다. 해당 캐릭터는 매일 밤 신체 변형 극복 판정을 합니다. 만약 판정에 성공하면 더는 악몽을 꾸지 않습니다. 만약 판정에 실패하면 다음 날 모든 판정에 -2 페널티를 받으며, 악몽은 계속 이어집니다. 다음 날 밤에 새로 극복 판정을 하세요.

유대의 의식 단서

효과:
초승달의 밤에 의식을 치를 수 있습니다. 마법사는 필요하지 않습니다
1. 회색 왕자의 환상을 꿰뚫어 볼 수 있습니다.
2. 강점 이용하기 능력의 영향을 더는 받지 않습니다.
캐릭터 중 누구든 친구를 저버리면 효과를 잃습니다.

회색 왕자의 왕국

왕국 안에서 여행하려면 반드시 각 PC가 한 번씩 악몽 장면에서 난관을 극복해야 합니다.

장면마다 난관 주사위 d6 골칫거리 주사위 d6, 위기 수치 d12를 굴립니다. 만약 d12의 결과가 회색 왕자의 위기 수치보다 낮다면, 회색 왕자는 이번 장면에 나타날지 선택할 수 있습니다. 만약 d12의 결과가 정확히 위기 수치와 같다면 반드시 나타납니다.

난관 (캐릭터들의 기능을 집어넣으세요)

1
2
3
4
5
6

골칫거리

1	감금	누군가 이 꿈에 갇혀서 PC들에게 도와달라고 애원합니다.
2	공격	회색 왕자의 괴물 하나가 캐릭터를 공격합니다.
3	분열	이 꿈 안에서 캐릭터들은 따로따로 떨어집니다. 플레이어 중 누군가가 난관을 극복하는 데 성공하면 모두가 빠져나갈 수 있습니다.
4	박탈	캐릭터들은 이번 장면에서 자신의 장비와 동료, 피고용인, 애완동물 등을 활용하지 못합니다.
5	악화	캐릭터는 자신의 가장 높은 능력치로 판정을 할 때 무조건 실패합니다. 미리 경고하세요.
6	기만	거짓 친구가 나타납니다. 이 NPC는 이후 어딘가 장면에서 플레이어들을 배신할 것입니다.

피해 결과

1	무작위로 능력치 1점을 잃습니다.
2-5	피해 2d4점을 받습니다.
6	무작위로 기능 하나를 잃습니다.

회색 왕자 본인

체력 주사위: _d12 (최대 HP)
장갑: 20 + _ = _
공격: 명중 +_, 피해 _d4
가치관: 혼돈
경험치: 특수
공포: 적들은 신체 변형 극복 판정을 해서 실패하면 도망칠 때까지 -3
환상의 대가: **환상 짜기** 캔트립은 자유롭게, 어두운 거점에서는 고급 환상 주술을, 자기 왕국에서는 어떠한 환상도 사용할 수 있습니다.
악몽 같은 속도: 비전투 상황에서 생각의 속도로 움직일 수 있습니다.
진실한 이름: 회색 왕자의 진실한 이름을 알아내어 사용하면 +5 보너스를 받습니다.

강점 이용하기:
회색 왕자는 각 캐릭터에게 맞서 다음 특수 능력을 가집니다.

PC	능력

약점: 자기 차례를 포기한 캐릭터는 다른 캐릭터에게 명중 +5 보너스와 최대 피해를 주도록 도울 수 있습니다.

제국 수도

제국 수도는 마을에서 멀리 떨어져 있는 도시입니다. 이곳은 한때 강대한 제국의 권좌였지만, 이제는 하찮은 도시로 전락했습니다. 하지만 이제는 달라졌습니다. 수도의 귀족 가문들과 시민들은 과거의 영광을 되찾으려 하며, 세력을 넓히기 위해 어떤 일도 서슴지 않을 것입니다. 이제 제국 수도는 방방곡곡 선발부대를 보내서 무역로를 약탈하고, 옛 영토들을 되찾으려 합니다. 비록 모두가 그렇지는 않지만, 선발부대 중 대다수는 사악하고 난폭한 사람들입니다. 캐릭터들의 가족과 친구들에게는 불행하게도, 제국 수도는 잔인하고 무자비한 방법으로 힘을 키우고 있습니다.

제국 수도는 정치적, 사회적, 경제적인 문제를 대표하는 위험요소로, 복잡하기는 하지만 캐릭터들에게 노골적으로 위험을 가하지는 않습니다. 이 위험요소는 사회적인 도전이나 병참 계획 같은 요소를 좋아하는 플레이어에게 적합합니다.

캐릭터를 만드는 동안

캐릭터 만들기 단계에서 첫 번째로 언급된 NPC는 제국 수도에 관해 들려줄 이야기를 가진 전문가입니다. 이 도시에서 상품을 팔았거나, 아니면 사용하는 도구를 이 도시에서 구했거나, NPC의 아버지가 제국 수도 출신일지도 모릅니다. 캐릭터와 마을 지도를 만드는 동안 등장하는 특이한 물건이나 사람들은 이 도시와 무언가 연관이 있을 가능성이 큽니다. 마스터는 캐릭터 만들기 동안 이러한 소재가 나오면 내용을 다듬어서 제국 수도와 연결지을 수 있습니다.

그다음 마스터는 옛 시청이나 신전, 성벽의 잔해 같은 제국의 폐허를 마을 지도에 추가하세요. 이 폐허는 한 때 강력했던 제국 수도의 세력을 나타내는 상징입니다.

마지막으로, 캐릭터 중 적어도 한 명은 캐릭터 만들기 단계 중에 다음 표를 네 번째 굴림으로 추가합니다.

캠페인 지도에는

플레이어들이 주요 장소를 만들 때, 마스터 역시 제국 수도를 지도 위에 직접 만들어야 합니다. 플레이어 중 누군가 처음으로 주요 장소를 캠페인 지도의 '멂' 거리에 만들었을 때, 마스터는 그 지점보다 더 멀리 제국 수도를 만들어서 "예. 네레이드의 호수는 거기 있어요. 그리고 그 너머에는 고대 제국의 수도가 있어요!" 같은 식으로 말해야 합니다.

캐릭터의 과거

1d6	여러분은 제국 수도와 어떻게 연관이 있나요?	습득
1	여러분 가족은 제국 수도를 지배하던 귀족 가문 중 한 곳의 후예라고 합니다. 여러분은 다시 가문의 이름을 되찾을 건가요?	-1 지혜, 기능: 예의범절
2	지난 가을 여러분은 마을 근처 길 위에서 제국 수도에서 보낸 선발부대의 기마병과 마주쳤습니다. 둘은 말싸움을 벌였고, 상대는 여러분을 말채찍으로 후려쳤습니다. 여러분은 분명 상대가 여러분의 얼굴을 기억할 것이라고 확신합니다.	-1 매력, +1 건강
3	여러분은 오래전 제국 수도를 방문해 이상한 의사 중 하나를 만났습니다. 그때 여러분은 도시의 영광과 야심을 직접 목격했지요. 세월이 흘렀지만, 여러분은 여전히 그 의사의 집을 찾을 수 있습니다.	-1 건강, +1 매력
4	여러분의 조부모는 그 위대한 도시에서 자라서 황야로 떠났습니다. 소문에 따르면, 조부모와 그 친족들은 이 도시에서 끔찍한 범죄를 저지른 죄로 지명 수배되었다고 합니다.	-1 근력, 기능: 흥정
5	겨울 동안, 여러분은 제국 수도의 상인들을 산적들로부터 구했습니다. 여러분은 언제든지 그 상인들을 찾아갈 수 있습니다.	-1 지능, +1 근력
6	도시의 귀족 중 하나가 말을 타고 마을을 지나갔을 때, 여러분은 그 귀족이 마을의 아이를 괴롭히지 못하게 막았습니다. 그는 여러분의 사지 한 군데를 부러뜨렸고, 여러분은 두 군데를 부러뜨렸습니다. 그는 이후 여러분을 다시 본다면 복수를 하겠다고 맹세했습니다.	-1 민첩, +1 지혜

만약 가능하다면 큰 강이나 호수 근처에 도시를 배치해서 도시 사람들에게 식수를 공급할 수원을 마련하는 동시에, 제국 수도가 무역의 중심지가 되도록 만들어야 합니다. 만약 플레이어들이 주요 장소로 다른 도시를 만들었다면, 그 도시가 제국 수도와 어떻게 관련이 있을지 생각해 보세요. 고대부터 이어져 온 경쟁 도시인가요? 아니면 새롭게 잘 나가는 탓에 수도의 질투를 사나요? 혹은 제국을 함께 지배하려는 밀접한 동맹 관계인가요? 어떠한 경우든, 지도에 있는 모든 도시는 제국 수도보다는 규모가 작고 세력도 약합니다. 이런 설정이 마음에 들지 않는 플레이어들은 얼마든지 도시 대신 다른 주요 장소를 만들 수 있습니다.

제국 수도의 모습

캐릭터들은 분명히 캠페인 동안 제국 수도에 방문할 것입니다. 반드시 도시의 지도를 준비할 필요는 없습니다. 그저 도시가 정말로 커서 캐릭터들이 관심을 가질 만한 가게는 모두 도시 안에 있다고 설명하면 충분합니다. 사실 연금술 연구실에 들여놓을 유리 비커나 특이한 장비를 구할 수 있는 곳은 캠페인 내에서 오직 이 도시밖에 없을지도 모릅니다.

하지만 제국 수도를 방문한 외부인들은 큰 혼란을 겪을 것입니다. 캐릭터들이 정말로 많은 시간을 이 도시에서 보내지 않는 이상, 도시의 구불구불한 거리 안에서 길을 잃지 않으려면 **지혜** 판정에 성공해야 합니다.

또한 제국 수도는 수많은 정보가 오고 가는 장소이지만, 이 도시의 예의범절과 규범은 캐릭터들의 고향 마을과 매우 다를 것입니다. 마스터는 캐릭터들이 정보를 얻을 수 있을지 빈번하게 **매력** 판정을 선언해서 성공하면 정보를 주고, 실패하면 말싸움에 휘말리게 하세요.

무너진 감시탑

무너진 감시탑은 마을에서 도보로 하루 이내 거리 어딘가에 위치한 소규모 장소입니다. 이 감시탑은 전원 지대에 여기저기 흩어진 제국 폐허의 모습을 짐작할 수 있는 전형적인 사례이며, 탑 안에는 고대 제국이 얼마나 방대했는지를 나타내는 단서가 있습니다. 감시탑은 1~2레벨 캐릭터가 들러 간단한 모험을 펼치고, 이 세계를 배울 수 있는 좋은 장소입니다.

무너진 감시탑은 바위 언덕 위에 위치했고, 한때 지금보다 훨씬 높이 세워졌습니다. 오늘날 무너진 감시탑은 2층밖에 남지 않았으며, 겉보기보다 훨씬 위험한 곳입니다. 마을 사람들은 이곳이 귀신들린 장소라고 말하곤 하지만, 사실은 위대한 옛 제국의 보물이 이 탑 어딘가에 남아 있습니다.

이 감시탑은 나이를 먹지 않는 흉폭한 와르그 니케로스가 이끄는 위험한 늑대 떼의 소굴입니다. 늑대 모습을 한 사악한 정령 니케로스는 고대 제국 시절을 기억하며, 인간들도, 인간들의 정착지도 좋아하지 않습니다. 그는 이 감시탑을 자신의 거처로 삼았으며, 두 발 달린 존재가 이 감시탑으로 오는 것을 절대 허용하지 않습니다. 니케로스는 늑대 일곱 마리를 이끌지만, 모든 늑대가 감시탑에 모이는 경우는 거의 없습니다. 낮 동안에 니케로스는 늑대 세 마리와 함께 1층에서 잠을 자고 있으며, 밤이 되면 니케로스는 50% 확률로 다른 늑대 두 마리와 탑 안을 어슬렁거리고, 만약의 경우 울부짖어서 근처에 있는 늑대 한 마리를 더 부릅니다. 다른 50% 확률로, 니케로스는 탑 2층에 홀로 있으면서 가끔 울부짖습니다. 이 경우, 캐릭터들은 니케로스의 늑대 떼들이 감시탑 주변에서 화답으로 울부짖는 소리를 들을 수 있습니다.

1층

감시탑 1층 주변에는 오래 전 무너진 건물 몇 군데의 파괴된 토대가 있습니다. 석공이나 목공 관련 기능이 있는 캐릭터는 이 장소에 석조 건축물이 있었음을 알아차릴 수 있습니다. 건물의 석재 대부분은 오래 전 사람들이 빼내어 마을을 짓는 데 사용했습니다.

감시탑은 한때 4층 높이였지만, 지금은 2층만 남았습니다. 1층과 2층의 공간 모두 남쪽 벽이 허물어졌기 때문에 바깥 날씨에 완전히 노출되어 있습니다. 그래서 건물의 2층은 열린 공간이지만, 1층은 짙은 그늘이 깔려 있습니다. 캐릭터들은 남쪽 벽에 있는 큰 틈이나 이제는 활짝 열린 서쪽 관문을 통해 감시탑에 들어갈 수 있습니다.

감시탑 1층은 30피트 x 30피트 (9m x 9m) 크기의 방 하나로 이루어져 있습니다. 방의 돌바닥은 아직 많이 남아 있지만, 여기저기 부서지거나 흙으로 덮여 있습니다.

이 방은 늑대들이 자신들의 소굴로 삼고 있기 때문에 악취가 진동합니다. 바닥에는 이전에 먹은 고기 찌꺼기가 널려 있으며, 방구석에는 다 썩어버린 직물과 모피, 나무로 된 침대의 잔해가 있습니다. 니케로스는 문 근처 서쪽 벽에 있는 복잡한 모양으로 깎은 돌 계단 아래에 보물을 숨겨놓았습니다. 다른 늑대들은 보물에 아무런 관심도 없지만, 니케로스는 보석과 장신구를 무척 좋아합니다. 니케로스가 숨긴 보물 중 동전은 은화 500냥 정도의 가치가 있으나 운반하기 힘들며, 그보다 두 배 이상 가치 있는 보석은 가지고 나가기 쉽지만 팔 만한 장소가 마땅치 않을 것입니다. 동전 대부분에는 고대 제국 수도의 문양이 새겨져 있으며, 보석 상당수는 고대 양식입니다.

1층 바닥 한가운데는 정교한 돌문이 수많은 잔해와 풀, 그리고 수 세기 동안의 무관심에 묻혀 숨겨져 있습니다. 이 문은 무겁지만 튼튼한 경첩에 달린 덕분에 부드럽게 열립니다. 감시탑이 사용되던 시절에는 문을 열기 위한 도르래 장치가 있었지만, 이제는 망가졌습니다. 옛 제국에 관한 지식이 있는 사람이라면 이런 탑에는 보통 지하로 통하는 바닥문이 있다는 사실을 알지도 모릅니다. 이 사실을 모르는 캐릭터는 오직 이 방의 바닥을 직접 조사해서 **지능** 판정에 성공해야 합니다. 문을 열려면 -5 페널티를 받고 **근력** 판정에 성공해야 합니다. 문 아래 지하는 빛 한 점 없이 어둡습니다.

2층
2층으로 통하는 계단은 튼튼한 돌로 되어 있지만, 바닥은 목재로 되어 있습니다. 비록 튼튼하고 무거운 목재를 썼지만, 오랜 세월과 비바람 탓에 보기보다 훨씬 위험한 상태입니다. 누구든 2층의 바닥을 지나는 캐릭터는 +2 보너스를 받고 **민첩성** 판정을 해서 실패하면 1층으로 추락하고 1d6점의 피해를 받습니다.

2층은 외부에 노출되어 있기 때문에, 탑 주변 전망이 눈에 잘 들어옵니다. 다음에는 어디로 여행할지 아이디어를 얻을 수도 있을 것입니다.

니케로스는 종종 2층으로 올라가 자기 무리를 울부짖어 부릅니다. 만약 캐릭터 중 하나가 2층으로 올라가 니케로스와 대면해서 밤하늘 아래에서 그를 죽이면, 다른 늑대들은 승자를 새로운 우두머리로 여길 것입니다.

비밀 지하실
1층의 바닥문은 돌언덕을 깎아 만든 저장고로 연결되어 있습니다. 지하실은 10피트 (3m) 바닥에 있으며 지하실로 내려가는 사다리는 없습니다.

이 지하실에는 제국의 진정한 보물이 있습니다. 바로 지역 전체를 정확하게 그린 대형 지도입니다. 이 지도는 지하실 한가운데에 있는 썩은 떡갈나무 책상 위에 펼쳐져 있습니다. 물론 무척 오래전에 만든 지도지만, 지리적인 정보는 대부분 정확합니다. 지도를 보면 이제 폐허가 된 장소 몇 군데의 위치가 나와 있습니다. 지도가 워낙 낡은지라 섬세하게 다루어야 하지만, 만지면 부스러질 만큼 위험한 상태는 아니기 때문에 조심스럽게 다루면 쉽게 접어서 가져갈 수 있습니다. 지도 외에는 그저 썩은 목재 통이나 녹슨 무기, 아무 쓸모도 없는 쓰레기밖에 없습니다.

선발대의 기지
제국 수도에서 신분 상승을 꾀하는 용병들과 군소 정치인들, 그리고 하위 귀족들이 각지에서 몰려들어 만든 선발대는 최근 이 임시 주둔지를 세웠습니다. 현재 선발대가 지은 기지는 아직은 이곳밖에 없지만, 제국 수도에서는 이후 더 많은 기지를 지으려고 합니다. 그러므로 마스터는 이 소규모 장소를 지침으로 삼아서 이후 모험의 무대가 될 다른 기지도 만들 수 있습니다.

기지는 말뚝 울타리로 주변을 둘렀고, 기지 안에는 커다란 마구간과 막사, 대장간, 대장의 숙소가 있습니다. 기지에는 대장과 마구간지기 소년, **대장장이**, 열두 명 정도의 경비병이 항상 주둔해 있습니다. 마구간에는 거의 항상 **건강**한 말들이 준비되어 있기 때문에 먼 거리를 갈 때는 이곳에서 말을 갈아탈 수 있습니다. 비록 전초기지에 배치된 병력은 적지만, 필요한 경우에는 더 많은 인원을 수용할 수 있습니다. 장차 제국 수도의 야망이 결실을 보는 때가 온다면, 말뚝 울타리를 제거하고 더 많은 병력이 이 기지에서 머물 것입니다.

이 기지의 대장은 루퍼스라는 이름의 중년 남자입니다. 루퍼스는 젊은 시절 제국 수도에서 유리 직공으로 일하면서 상당한 부를 축적했고, 그 대가로 지위와 사회적인 위치를 얻었습니다. 비록 루퍼스는 군 복무 경험이 거의 없지만, 그를 얕보는 것은 오판입니다. 루퍼스는 제국 수도가 옛 제국을 다시 지배해야 한다고 굳게 믿고 있으며, 자신의 새로운 지위를 무척 진지하게 받아들이고 있습니다.

루퍼스는 우호적인 여행자들에게 하루 정도 숙식을 제공한 다음 떠나보낼 것입니다. 만약 캐릭터들이 선발대와 마찰을 빚은 적이 있다면 루퍼스는 캐릭터들의 요청을 거절하고 쫓아내거나, 혹은 캐릭터들이 저지른 범죄를 심판하려 들 것입니다. 그의 재판은 신속하며, 거의 항상 처형으로 끝납니다. 루퍼스는 현재의 위치를 순전히 돈으로 얻은 만큼 뇌물에 매우 약합니다. 적극적인 캐릭터라면 이 부분을 활용할 수 있을 것입니다.

선발대의 기지는 여러 가지 모험에 활용할 수 있는 장소입니다. 캐릭터들이 제국 수도와 어떤 관계를 쌓았는지에 따라 이 기지는 안전한 피난처가 될 수도 있고, 어떤 상황에서도 절대 가면 안 되는 위험한 장소가 될 수도 있습니다. 만약 캐릭터들이 제국 수도의 위협에 정면으로 맞서기로 했다면, 아마도 이 기지부터 공격해서 파괴할 것입니다. 캐릭터들이 레벨이 낮더라도 작전을 잘 세우고 지원만 충분히 받는다면 불가능한 일은 아닙니다. 또한 가능성은 작지만, 캐릭터들은 루퍼스를 감복시켜서 제국 도시에 맞서 자신들의 편에 서도록 설득할 수 있을지도 모릅니다.

위기 수치와 위험요소의 계획

제국 수도의 힘과 영향력은 캠페인이 진행하면서 점차 증가하며, 매년 극적으로 높아집니다. 만약 캠페인을 가을이나 겨울에 시작했다면 위기 수치는 0으로 시작하지만, 캐릭터들은 이 도시에서 다수의 용병을 고용하고 있으며, 귀족 일부가 옛 제국의 부흥을 주장하고 다닌다는 소문을 들을 것입니다. 봄이 되는 3월 20일에는 (만약 캠페인을 봄이나 여름에 시작했다면 캠페인 시작부터) 제국 수도의 위기 수치는 4로 늘어나며, 다음 활동 표에 따라 움직입니다.

1d6	첫해 위기 효과
1-3	제국의 선발대가 캐릭터들의 고향 마을과 주변 정착지를 살핍니다. 이번 주에 캐릭터들이 해당 정착지들의 6칸 내에서 조우를 겪으면, 무조건 제국의 선발대를 만나는 결과로 정해집니다.
4	제국의 선발대가 캐릭터들의 고향 마을에서 무력 시위를 합니다. 선발대원 두 명과 용병 무리 3d6명이 마을로 와서, 제국 수도가 옛 제국을 다시 세울 것이라고 공공연하게 말하면서 여관에 머뭅니다. 이들은 여관 값을 잘 치르며, 험악한 태도를 보이는 것 외에 다른 문제를 일으키지는 않습니다. 만약 캐릭터들이 이때 마을에 있다면 선발대를 직접 목격할 수 있으며, 현재 마을에 없더라도 이후 돌아올 때 마을 사람들에게 소식을 전해 들을 수 있습니다.
5	제국의 요원들이 캐릭터들의 고향 마을 근처의 도로에서 통행료를 받으려 합니다. 만약 캐릭터들의 고향 마을에 이어진 도로가 있다면, 대략 도로 중간에 무장 병력이 배치되어 통행료를 받습니다. 만약 마을에 이어진 도로가 없다면 적당한 도로나 다리에 요금소를 배치하세요. 요금소는 세 명의 군인이 지킵니다.
6	어느 난폭한 선발대원이 농부, 또는 양치기들을 무자비하게 폭행합니다. 희생자들은 캐릭터들의 고향 마을 교외, 또는 그 밖의 작은 정착지에 삽니다. 만약 캐릭터들이 이 근처에 있다면 선발대원을 막을 기회가 있습니다.

캠페인이 시작된 다음 해 3월 20일이 되면, 제국 수도는 힘과 영향력을 길러 캐릭터들의 삶에 큰 위협을 가합니다. 제국 수도의 위기 수치는 5로 높아지며, 다음 활동 표에 따라 움직입니다.

1d6	둘째 해 위기 효과
1-2	제국의 요원들이 이끄는 용병 다수가 말을 타고 일대를 활보하면서 제국 수도의 힘을 과시합니다. 만약 캐릭터들이 이번 주에 조우를 겪으면, 야생지대로 깊숙이 들어가 있지 않은 한 무조건 용병 5d20명과 선발대 1d8명으로 이루어진 부대와 만나는 결과로 정해집니다. 부디 직접 맞서 싸우지 않기를 바랍니다!
3	제국 수도는 이 지역에 반영구적인 군사 기지를 세웁니다. 지도에서 적당한 위치를 고르세요. 특정한 거주지에서 하루나 이틀 떨어진 곳의 도로 근처가 좋습니다. 그 주가 끝날 무렵, 이 군사 기지에는 나무 방책과 방어용 둑이 설치되며, 건물 몇 채가 세워집니다. 이 기지에는 병사 50명이 주둔합니다. 만약 캐릭터들이 이 근처에 있다면, 어떻게든 막을 기회가 있습니다.
4	제국 수도의 군대가 마스터가 지정한 적당한 장소 두 군데를 연결하는 커다란 도로를 짓기 시작합니다. 이 공사는 커다란 작업이기 때문에, 마스터는 도로가 완성되거나 버려질 때까지 제국 수도의 활동 표를 굴리지 않습니다. 도로는 매주 한 칸씩 (10마일, 즉 16km 정도) 늘어납니다.
5	제국 수도의 병력이 캐릭터의 고향 마을로 와서 상당량의 세금을 요구합니다. 마을은 저항할 만한 수단이 있지 않은 한 세금을 바칠 것입니다. 세금을 바친 후 마을 안의 모든 상품과 서비스의 가격은 20% 오릅니다. 세금을 요구하는 병력은 용병 2d10명과 선발대원 1d6명으로 구성됩니다.
6	제국 수도의 병력이 다른 인간 거주지로 가서 상당량의 세금을 요구합니다. 결과는 위 선택지와 같지만, 캐릭터의 고향 마을 외의 인간 거주지 중 하나를 무작위로 선택하세요.

그다음 해 3월 20일이 되면, 제국 수도는 본격적인 침략을 시작합니다. 이 시점에서 제국 수도의 위기 수치와 활동 표는 별 의미가 없어지며, 좋든 나쁘든 캠페인은 결말에 가까워질 것입니다. 제국 수도는 대규모 부대를 최소한 하나 이상 야전에 파견할 것이며, 아마도 기지와 도로, 중간 기착지 몇 군데를 지도 위에 만들었을 것입니다. 캐릭터들은 어떻게 고향을 구할 것인가요?

플레이어들의 행동

캐릭터들은 여러 방법으로 제국 수도와 맞서겠지만, 선발대나 도시의 다른 사람들과 접촉할 때 반드시 폭력을 쓸 필요는 없습니다. 물론 야외에서 도시의 군세를 공격하거나, 습격하거나, 방해 공작을 펼칠 수도 있습니다. 캐릭터들의 활동이 성공할 때마다, 제국 수도는 힘을 회복하기 위해 위험요소 판정을 한 주 또는 그 이상 쉬어야 할 것입니다. 하지만 캐릭터들이 제국이 파견한 부하들을 직접 공격한다면 정말로 정체를 잘 숨기거나 은밀하게 활동하지 않는 이상 도시의 현상수배를 받을 것이며, 이후 캐릭터들이 제국 수도와 접촉할 때 부정적인 영향을 미칠 것입니다.

캐릭터들은 뇌물이나 책략, 속임수 같은 다른 수단을 동원해서 제국 수도의 활동을 늦출 수도 있습니다. 이는 제국의 선발대와 세금징수원을 막는 효과적인 수단이지만, 마스터는 플레이어들이 이러한 방법을 사용할 때 어려움을 겪게 해야 합니다. 단순히 간절한 호소 정도로는 세금징수원의 마음을 움직일 수 없을 것입니다.

캐릭터들은 위험요소 판정을 막는 활동 외에도, 제국 수도의 계획을 늦추어서 한 해가 지날 때마다 활동 표를 바꾸지 않도록 만들 수도 있습니다. 제국 수도의 계획을 늦추는 시도는 커다란 일이기 때문에, 아마도 이 땅에 사는 다른 이들의 도움이 필요할 것입니다. 선발대가 세운 모든 기지나 제국 수도를 목표로 삼아서 지속적인 습격을 벌이거나, 제국 수도에 맞서 세 명 이상의 군주가 힘을 합친 강력한 연합을 만들기 등이 좋은 예입니다.

비록 가능성은 작지만, 군사력을 동원해 제국 수도의 위협을 완전히 끝낼 수도 있습니다. 이를 위해서는 수많은 정착지가 힘을 모아 아마도 캐릭터들의 지휘 아래 제국 부대에 맞설 수 있는 병력을 모아야 할 것입니다. 더욱 가능성이 큰 방법으로, 외교적인 승리를 끌어낼 수도 있습니다. 외교적인 승리를 위해서는 제국 수도를 여러 차례 방문해서 귀족과 장군들을 만나 이들의 관심을 다른 곳으로 돌리거나, 아니면 도시 자체를 장악해야 할 것입니다.

NPC와 괴물들

제국 선발대

제국 수도는 야심 차고 젊은 전사들을 선발대로 파견합니다. 선발대원은 말을 타고 단독으로, 혹은 소수의 인원으로 각지를 다닙니다. 이들은 임기응변에 매우 능합니다.

체력 주사위: 3d10 (16 HP)
장갑: 14
공격: 명중 +3, 피해 1d8 (검)
가치관: 중립
경험치: 80

제국 보병

제국 보병은 수도의 정예 보병으로, 대형 방패와 창, 튼튼한 갑옷으로 무장을 갖추고 대형을 지어 싸웁니다. 이들은 수도의 거리를 순찰하거나, 유난히 위험한 폭동을 진압하는 최정예 병력으로 나섭니다.

체력 주사위: 2d8 (9 HP)
장갑: 16
공격: 명중 +1, 피해 1d6 (창)
가치관: 질서
경험치: 45
참고: *전투 대형* (제국 보병들은 창과 방패를 든 여덟 명이 대열을 지어 싸웁니다. 두 번째 열은 아무런 페널티를 받지 않고 공격할 수 있습니다)

귀족

수도의 여러 가문에 속한 귀족들은 제국 장교로 복무합니다. 이들은 수도 안에서 벌어지는 각종 정치 공작과 궁정의 음모에도 빈번하게 참여합니다.

체력 주사위: 2d8 (9 HP)
장갑: 10
공격: 명중 +1, 피해 1d8 (검)
가치관: 질서
경험치: 40

호민관

호민관들은 도시의 가장 뛰어난 장군이자 전사입니다. 이들은 도시 안에서는 정치에 참여하며, 도시 바깥에서는 대규모 병력을 이끕니다.

체력 주사위: 4d10 (22 HP)
장갑: 18
공격: 명중 +4, 피해 1d8 (장검)
가치관: 질서
경험치: 150
참고: *사기 고무* (호민관은 한 라운드를 들여 병력의 사기를 고무할 수 있습니다. 이때 호민관은 **장갑**에 -4 페널티를 받지만, 호민관의 근거리 안에 있는 모든 제국 병력은 명중에 +2 보너스를 받습니다)

제국 수도 위험요소 시트

위기

첫해 위기 효과

1-3	제국의 선발대가 캐릭터들의 고향 마을과 주변 정착지를 살핍니다. 이번 주에 캐릭터들이 해당 정착지들의 6칸 내에서 조우를 겪으면, 무조건 제국의 선발대를 만나는 결과로 정해집니다.
4	제국의 선발대가 캐릭터들의 고향 마을에서 무력시위를 합니다. 선발대원 두 명과 용병 무리 3d6명이 마을로 와서, 제국 수도가 옛 제국을 다시 세울 것이라고 공공연하게 말하면서 여관에 머뭅니다. 이들은 여관 값을 잘 치르며, 험악한 태도를 보이는 것 외에 다른 문제를 일으키지는 않습니다. 만약 캐릭터들이 이때 마을에 있다면 선발대를 직접 목격할 수 있으며, 현재 마을에 없더라도 이후 돌아올 때 마을 사람들에게 소식을 전해 들을 수 있습니다.
5	제국의 요원들이 캐릭터들의 고향 마을 근처의 도로에서 통행료를 받으려 합니다. 만약 캐릭터들의 고향 마을에 이어진 도로가 있다면, 대략 도로 중간에 무장 병력이 배치되어 통행료를 받습니다. 만약 마을에 이어진 도로가 없다면 적당한 도로나 다리에 요금소를 배치하세요. 요금소는 세 명의 군인이 지킵니다.
6	어느 난폭한 선발대원이 농부, 또는 양치기들을 무자비하게 폭행합니다. 희생자들은 캐릭터들의 고향 마을 교외, 또는 그 밖의 작은 정착지에 삽니다. 만약 캐릭터들이 이 근처에 있다면 선발대원을 막을 기회가 있습니다.

둘째 해 위기 효과

1-2	제국의 요원들이 이끄는 용병 다수가 말을 타고 일대를 활보하면서 제국 수도의 힘을 과시합니다. 만약 캐릭터들이 이번 주에 조우를 겪으면, 야생지대로 깊숙이 들어가 있지 않은 한 무조건 용병 5d20명과 선발대 1d8명으로 이루어진 부대와 만나는 결과로 정해집니다. 부디 직접 맞서 싸우지 않기를 바랍니다!
3	제국 수도는 이 지역에 반영구적인 군사 기지를 세웁니다. 지도에서 적당한 위치를 고르세요. 특정한 거주지에서 하루나 이틀 떨어진 곳의 도로 근처가 좋습니다. 그 주가 끝날 무렵, 이 군사 기지에는 나무 방책과 방어용 둑이 설치되며, 건물 몇 채가 세워집니다. 이 기지에는 병사 50명이 주둔합니다. 만약 캐릭터들이 이 근처에 있다면, 어떻게든 막을 기회가 있습니다.
4	제국 수도의 군대가 마스터가 지정한 적당한 장소 두 군데를 연결하는 커다란 도로를 짓기 시작합니다. 이 공사는 커다란 작업이기 때문에, 마스터는 도로가 완성되거나 버려질 때까지 제국 수도의 활동 표를 굴리지 않습니다. 도로는 매주 한 칸씩 (10마일, 즉 16km 정도) 늘어납니다
5	제국 수도의 병력이 캐릭터의 고향 마을로 와서 상당량의 세금을 요구합니다. 마을은 저항할 만한 수단이 있지 않은 한 세금을 바칠 것입니다. 세금을 바친 후 마을 안의 모든 상품과 서비스의 가격은 20% 오릅니다. 세금을 요구하는 병력은 용병 2d10명과 선발대원 1d6명으로 구성됩니다.
6	제국 수도의 병력이 다른 인간 거주지로 가서 상당량의 세금을 요구합니다. 결과는 위 선택지와 같지만, 캐릭터의 고향 마을 외의 인간 거주지 중 하나를 무작위로 선택하세요.

셋째 해: 침략!

제국의 요원들

선발대 정찰조

출현 숫자: 2d4
체력 주사위: 3d6 (16 HP)
장갑: 14
공격: 명중 +3, 피해 1d8 (검)
경험치: 각각 80
선발대원들은 사슬 갑옷을 입었고, 훌륭한 말을 타고 있습니다. 이들은 제국 수도에서 가장 총명하고 젊은 전사들입니다.

선발대 기지

대장 루퍼스
유리직공으로 일했고, 최근에야 대장이 된 인물. 루퍼스는 기본적으로 우호적입니다. 그는 제국에 충성하는 편이지만, 뇌물을 거절하지는 않습니다.

보조 인력
대장장이, 편자공, 마구간지기 소년, 상태가 좋은 말 몇 필.

경비병 열두 명
체력 주사위: 1d6 (4 HP)
장갑: 14
공격: 명중 +0, 피해 1d8 (장검)
경험치: 20

선발대원 두 명
(위 참조)

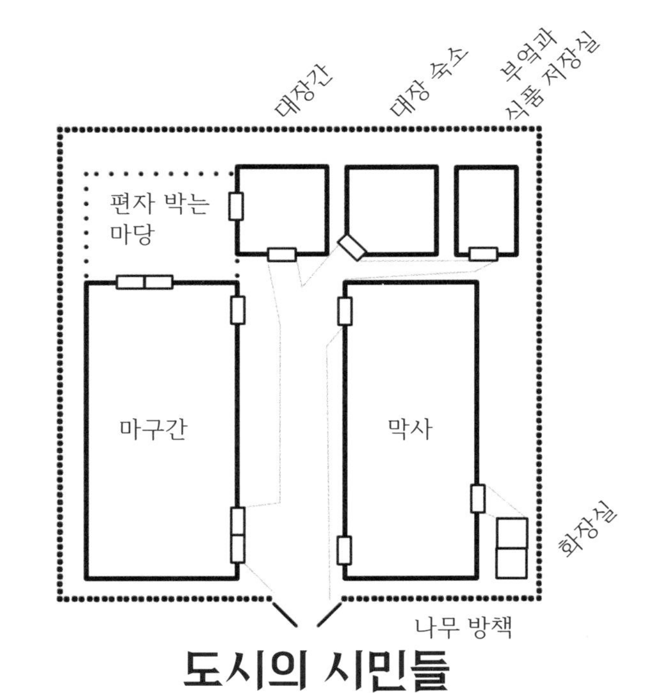

도시의 시민들

분노한 고룡

분노한 고룡은 전설 속에 나오는 강대한 용입니다. 고룡은 캐릭터의 고향 근처 지역에 소굴을 짓고 인간의 시간으로 기나긴 세대 동안 잠을 잤습니다. 이제 고룡은 몸을 일으켜 사냥에 나서고, 잠자리에 쓸 보물을 찾고 있습니다. 오래전 영웅들이라고 할지라도 감히 고룡과 맞서 싸울 수는 없겠지만, 캐릭터들은 반드시 이 강대한 괴수로부터 마을을 지킬 방법을 찾아야 합니다. 더구나 골치 아프게도, 이 땅에 사는 인간들 사이에서는 고룡의 혈통이 흐르고 있습니다. 그리고 한 핏줄끼리는 서로 이끌립니다.

이 위험요소에서는 매우 강력한 적이 등장합니다. 처음 시작할 때 용은 활동을 비교적 적게 하지만, 느린 속도로 공격의 빈도를 점차 늘립니다. 하지만, 용은 캐릭터들이 직접 싸우기 거의 불가능한 적입니다. 그러므로 분노한 고룡은 장기 캠페인에 적합한 위험요소입니다.

캐릭터를 만드는 동안

아주 오래전, 고룡은 인간의 형태를 취해 자손을 낳았습니다. 캐릭터 중 적어도 한 명은 고룡의 피를 이어받았습니다. 고룡은 자신의 인간 후손들을 하인 겸 노리개로 삼기 좋아합니다.

캐릭터 중 한 명을 무작위로 고룡의 후손으로 정하세요. 다른 캐릭터 중 누군가 고룡의 후손과 친척 관계에 있다면, 해당 캐릭터 역시 용의 혈통을 잇습니다. 후손들은 자신의 선조인 고룡이 가까이 오면 감지할 수 있어서, 1마일(1.6km) 이내에 고룡이 있으면 그 존재를 강하게 느낍니다. 이 능력은 분노한 용을 피할 때 도움이 될 것입니다. 심지어 고룡의 후손은 고룡이 1마일 (1.6km) 내에 있을 때 **지혜** 판정에 성공하면 고룡이 있는 곳으로 정확하게 갈 수도 있습니다. 하지만, 고룡은 자신의 후손을 냄새로 곧장 알아보며, 비뚤어진 가족 의식 때문에 자신의 후손에게 큰 관심을 기울일 것입니다. 마스터와 플레이어들은 해당 캐릭터가 자신이 고룡의 후손이라는 사실을 알고 있는지 원하는 대로 정할 수 있습니다.

플레이북 세 번째 표는 고룡의 후손으로 선택된 캐릭터와 특별한 관계가 있는 NPC입니다. 이 NPC 중 하나는 최근 고룡의 소굴을 우연히 발견해서, 고룡이 잠을 자는 곳을 알고 있습니다. 이 NPC는 너무 무서운 나머지 그 장소에서 도망쳤고, 다른 사람들에게 이 사실을 말하기를 꺼려합니다.

마지막으로, 마지막으로, 캐릭터 중 적어도 한 명은 캐릭터 만들기 단계 중에 다음 표를 네 번째 굴림으로 추가합니다.

캐릭터의 과거

1d6	고룡은 여러분의 유년기에 어떤 영향을 끼쳤나요?	습득
1	고룡이 처음 소굴을 나와 사냥을 나갔을 때 여러분은 용이 지나가는 길에 있었고, 고룡이 내뿜은 불에 그을렸습니다.	-1 근력, +1 건강
2	여러분은 자라나면서 다른 무엇보다도 분노한 고룡의 이야기에 매혹됐고, 이 괴물에 관한 모든 것을 배웠습니다.	-1 지혜, 기능: 용 전승
3	여러분은 어느 날 저녁 우연히 고룡을 만났습니다. 여러분은 공포심에 얼어붙었고, 이제 죽을 거라고 확신했지만, 고룡은 여러분이 너무 작아 먹을 가치가 없다면서 대신 이야기를 나누었습니다. 이야기가 끝난 후, 고룡은 크게 웃으며 즐거웠다고 말했습니다.	-1 매력, 기능: 수수께끼
4	얼마 전 조부모는 여러분이 분노한 고룡과 싸우다 죽은 위대한 영웅의 후손이라면서, 그 용은 자신의 적을 기억하니 항상 조심하라고 신신당부했습니다.	-1 지능, +1 근력
5	여러분은 고룡에게 사냥당하는 마을의 양들을 구하던 중 새끼 손가락을 잃었습니다.	-1 민첩성, 기능: 동물 지식
6	체스를 두면서 아픈 몸을 추스르던 그달에 붉은 머리칼과 눈동자를 지닌 어느 나그네가 여러분에게 한판 두자고 요청했고, 나그네는 여러분을 쉽사리 꺾었습니다. 그가 떠났을 때, 여러분은 거대한 가죽 날개가 펄럭이는 소리를 들었습니다.	-1 건강, +1 지능

캠페인 지도에는

플레이어들이 주요 장소를 모두 정한 다음, 마스터는 비밀리에 이 중 하나를 고룡의 소굴로 표시하세요. 이곳은 아마도 머나먼 산이나 깊은 동굴처럼 외딴 장소일 것입니다. 하지만 어쩌면 대도시나 인간의 정착지 같은 불특정한 장소 아래에 고룡의 소굴이 있을 가능성도 있습니다. 이 경우, 고룡이 자신의 소굴을 오갈 수 있는 편리한 수단을 생각해 두세요. 이 장소의 거주자들은 자신들이 사는 곳 아래 고룡이 살고 있다는 사실을 알 수도 있고, 모를 수도 있습니다. 어떠한 경우든, 마스터는 고룡이 소굴 근처의 생물들과 어떻게 상호작용하며, 해당 장소의 비밀을 알고 있는지 정해야 합니다.

또한, 마스터는 플레이어들이 만든 다른 주요 장소 중 서로 아주 멀리 떨어진 두 군데를 선택합니다. 이 두 장소는 마법의 검 '비늘 파괴자'의 두 부분을 보관한 장소일 것입니다.

마지막으로, 마스터는 소규모 장소인 그은 바위를 캐릭터들의 고향 마을에서 약 이틀 정도 거리에 위치한 칸 어딘가에 추가하세요. 이 장소는 다음 항목에 자세하게 설명하겠습니다.

그은 바위

이 소규모 장소는 이름 높은 옛 전투가 벌어진 곳으로, 어느 영웅과 농부가 마법의 검을 사용해 분노한 고룡과 맞서 싸워 결국 괴물을 자기 소굴로 쫓아버린 전설이 전해지고 있습니다. 이 장소에는 그 전투를 기념하여 세운 바위 하나가 우뚝 솟아 있습니다.

플레이어들은 그은 바위에서 단서를 찾고 작은 퍼즐을 풀 수도 있습니다. 이 과정에서 단서를 찾는 데에는 **지능** 판정을, 세부 사항을 알아차리는 데에는 **지혜** 판정이 필요합니다. 플레이어들이 얼마든지 직접 재치를 발휘해서 단서를 짜 맞추게 하세요. 하지만 여차하면 얼마든지 능력치 판정으로 처리해도 좋습니다.

농부가 살던 돌집은 오랫동안 방치된 탓에 다 쓰러져 가지만, 여전히 남아있습니다. 이 장소에 세운 바위에는 아주 오래된 문자로 글이 새겨져 있습니다. 캐릭터들이 이 글을 해독할 수 있다면, 농부의 집을 만드는 데 쓴 돌 중 세 개가 제거되어 다른 곳에 사용되었다는 사실을 알 수 있습니다. 첫 번째 돌은 이곳에 있는 작은 우물을 만드는 용도로, 두 번째 돌은 근처 개울에 있는 돌다리로, 마지막 돌은 기념으로 세운 바위의 토대로 사용했습니다.

만약 캐릭터들이 이 돌을 찾아 집 안의 원래 자리로 돌려놓으면, 집구석에 감춰져 있던 작은 공간이 드러납니다. 이 공간에는 어른 주먹만 한 작은 가죽 주머니가 있습니다. 이 주머니는 마법의 주머니로, 주머니 안에 있는 물건은 썩지 않습니다. 주머니를 뒤져보면 깨끗한 청동 열쇠가 있습니다. 이 열쇠는 다음에 설명하는 아티팩트를 찾는 데 중요한 역할을 합니다.

비늘 파괴자

비늘 파괴자는 분노한 고룡과 그 혈족을 죽일 목적으로 만든 강력한 아티팩트 검이지만, 지금은 부러졌습니다. 비늘 파괴자의 칼날과 칼자루는 각각 찾기 힘든 두 장소에 따로 보관되어 있습니다. 마스터는 이 두 보물을 지도 위의 주요 장소, 또는 소규모 장소에 배치하세요. 근면한 캐릭터는 열심히 수색하거나 적절한 질문을 던져서 검이 있는 장소에 관한 단서를 찾을 수 있을 것입니다.

마스터가 칼날과 칼자루를 어디에 배치했든, 그은 바위가 있는 장소에서 찾은 열쇠는 칼자루를 보관한 금고를 여는 데 사용합니다. 칼자루를 가진 사람은 입김 무기 저항 판정에 +5 보너스를 받습니다.

칼날은 다른 장소에 보관되어 있습니다. 칼날은 그 자체로는 별 쓸모가 없지만, 평범한 칼자루에 부착하면 +3 장검이 됩니다.

칼날과 칼자루를 결합하는 작업은 숙련된 대장장이라면 누구든지 할 수 있습니다. 완성된 비늘 파괴자는 무척 강력해집니다. 이 마법의 무기는 +3 장검으로, 용이나 용의 혈통을 가진 생물에게는 두 배 피해를 줍니다. 또한 사용자는 **장갑**에 +2, 입김 무기 저항 판정에 +5 보너스를 받습니다. 그리고 무엇보다도, 사용자는 분노한 고룡의 진실한 이름을 그 즉시 알게 됩니다.

하지만 이 강력한 무기에도 한 가지 단점이 있습니다. 분노한 고룡은 이 검의 존재를 감지할 수 있으며, 검의 주인을 격렬하게 증오합니다. 분노한 고룡은 깊은 잠에 빠지지 않는 한 1마일 (1.6km) 이내에 검이 있으면 그 즉시 알아차립니다.

용의 소굴

용의 소굴은 캠페인 지도의 주요 장소 중 한 군데의 지하에 있습니다. 이 장소가 정말로 외딴 곳이 아닌 이상, 소굴로 들어가는 출입구는 비밀리에 숨겨져 있습니다. 출입구는 최소 두 군데가 있는데 하나는 인간 크기이며, 다른 하나는 거대한 용이 비집고 들어갈 만큼 큽니다. 장소에 따라서는 소굴 천장에 고룡이 날아서 드나들 수 있는 세 번째 출입구가 있을지도 모릅니다.

통로는 구불구불하고 지도로 표현하기 어렵습니다. 소굴의 지도를 준비하는 대신, 다음 중요 장소들을 준비하고,

이 사이에 난 길들이 얼마나 혼란스러운지 캐릭터들에게 설명하세요.

인간 크기의 출입구는 고룡을 모시는 용의 후손들이 있는 방으로 곧장 연결되어 있습니다. 고룡의 부하들은 한 방에 모여 살며, 아마도 방 근처에 덫을 설치했습니다. 이들은 특히 방과 통로에 화로를 설치한 다음, 불꽃 흘리기 주술로 불꽃을 치솟게 해 방심한 침입자들을 불태울 것입니다. 화로의 불꽃은 작지만 뜨겁습니다. 불꽃에 닿은 캐릭터는 피해 1d6점을 받습니다.

서로 연결된 구불구불한 동굴 통로는 돌고 돌아 점점 아래쪽으로 내려가며, 결국 소굴의 중앙 방으로 이어집니다. 이 거대하고 울퉁불퉁한 둥근 방은 고룡이 잠을 자는 거처로, 용이 모은 보물로 가득 차 있습니다. 만약 소굴 천장에 세 번째 출입구가 있다면 이 방의 천장일 것입니다. 동굴 통로 대부분은 방의 아랫부분으로 이어지지만, 일부 통로는 고룡의 거처를 내려다볼 수 있는 작고 판판한 바위로 이어집니다.

고룡의 거처에는 주문서나 두루마리, 태피스트처럼 좀 더 조심스럽게 다뤄야 할 보물을 모아 둔 작은 방으로 통하는 비밀문이 있습니다. 고룡은 이 방에 있는 보물들을 감상하기 위해 자주 드나듭니다. 고룡이 이 방에 들어가려면 반드시 인간 형태로 변신해야 합니다.

용의 소굴에 있는 보물은 헤아릴 수 없을 만큼 많습니다. 마스터는 마법 물품을 얼마든지 배치하세요. 이곳에 있는 동전이나 보물, 그 외의 귀중품을 가져간다면 비교할 수도 없는 부를 얻을 수 있습니다. 물론 이 보물을 집으로 가져가려면 큰 노력이 필요하며, 정말로 큰 도시나 왕국이 아니라면 근처의 경제를 망가뜨릴 가능성이 큽니다. 확실한 사실은, 이곳의 보물은 캐릭터들이 각자 자신만의 왕국을 세우고도 남을 만큼 많습니다.

위기 수치와 위험요소의 계획

분노한 고룡은 배를 채우고, 가족을 모으고, 보물을 얻는 것 외에는 다른 목적이 거의 없는 파괴적인 괴물입니다. 캠페인이 처음 시작할 때, 캐릭터들은 고룡을 피해서 모험에 나설 수 있을 것입니다. 하지만 캠페인이 진행되면서 고룡은 점점 더 빈번하게 활동을 하게 되고, 결국 캐릭터들이 가만히 두고 볼 수 없을 정도까지 약탈을 저지를 것입니다.

분노한 고룡은 캠페인에 나타날 때 위기 수치를 1로 시작합니다. 분노한 고룡이 캠페인에 등장한 날을 기준으로 해서 6개월마다 표시를 하세요. 혹은 좀 더 편하게 춘분점과 하분점을 기준으로 해도 좋습니다. 고룡은 점점 잠을 줄이고 사냥에 나서기 때문에, 표시한 날이 될 때마다 위기 수치를 1 늘리세요. 고룡은 현재 위기 수치가 몇이든 다음 활동 표에 따라 움직입니다.

1d6	위기 효과
1	고룡은 캐릭터의 고향 마을 외의 다른 마을이나 정착지 하나를 무작위로 공격해 불태웁니다.
2	캐릭터의 고향 마을의 농장 하나가 고룡에게 습격당해서 가축과 곡식을 잃거나, 마을의 커다란 사냥터가 잿더미로 변합니다. 이번 겨울에는 고기를 구하기 더 어려워질 것입니다.
3	분노한 고룡이 다시 나돌아다닙니다. 캐릭터들이 이번 주에 조우를 겪으면, 고룡과 마주치는 결과로 정해집니다. 캐릭터들은 아마 숨어야 할 것입니다.
4	고룡은 자신의 부하들을 보내 후손들을 찾습니다. 캐릭터 중 누군가가 고룡의 후손이라면, 이번 주 조우 판정의 결과는 용의 후손 1d6명과 마주치는 결과로 정해집니다.
5	고룡은 어느 도시나 마을로 부하들을 보내 책이나 두루마리처럼 조심스럽게 다뤄야 할 보물을 찾습니다.
6	고룡은 인간 모습을 하고 인간 정착지로 가서 사람들에게 각종 놀이나 경기로 도전합니다. 만약 캐릭터들이 고향 마을에 있다면, 아마 고룡의 도전을 받을 것입니다.

플레이어들의 행동

고룡은 책략이나 간접적인 압력 따위는 무시하면서, 자신이 죽거나 어떻게든 다시 긴 잠에 빠질 때까지 파괴를 멈추지 않을 것입니다. 하지만 고룡은 강한 자기보존 본능이 있기 때문에, 만약 피해를 받는다면 숨어서 상처를 치료할 것입니다. 그러므로, 만약 PC들이 (또는 다른 영웅들이) 용과 만나 20점이 넘는 커다란 피해를 주는 데 성공한다면, 용의 위기 수치는 1 감소합니다. 만약 이 방법으로 위기 수치가 0까지 떨어진다면, 고룡은 여섯 달 동안 잠을 잔 다음 다시 위기 수치가 1이 된 채로 돌아옵니다.

만약 캐릭터들이 분노한 고룡의 파괴 행각을 필사적으로 막기를 원하지만, 폭력으로 해결하고 싶지는 않다면 (현명한 영웅들이라면 분명히 그럴 것입니다), 마스터는 고룡을 멀리 내쫓거나 다시 깊은 잠에 빠뜨릴 방법을 준비하세요. 인간 기준으로 오십 세대 동안 잠에 빠뜨릴 강력한 주문을 발견하거나, 인간들이 살지 않는 머나먼 땅에서 고룡의 짝을 찾을 수 있을지도 모릅니다. 이러한 평화적인 해결책을 사용하는 대신 고룡을 이 세상에서 완전히 제거하고 싶다면, 하지만 직접 부딪히고 싶지는 않다면, 대규모의 병력을 조직해서 고룡에게 들키지 않은 채 소굴로 쳐들어가는 수단을 찾을 수도 있습니다.

플레이어들이 어떤 방법을 택하든 고룡은 무시무시한 적이며, 전투 외의 다른 방법으로 상대하기도 쉽지 않아야 합니다. 고룡을 무찌르는 일은 매우, 매우 어려울 것입니다.

NPC와 괴물들

분노한 고룡

분노한 고룡은 전설 속에 나오는 거대한 괴물입니다. 고룡은 숙련된 영웅들에게도 절대 쉽지 않은 상대이므로, 고룡을 무찌르려면 가능한 한 모든 수단을 동원해야 할 것입니다. 다음 수치는 강력한 고대의 용을 기준으로 만든 예시이며, 마스터는 얼마든지 자신의 캠페인에 맞게 고칠 수 있습니다. 만약 바다에서 사는 용을 만들고 싶다면 입김 무기를 수중 거주 특성으로 바꾸면 됩니다. 혹은 ***울타리 너머, 또 다른 모험으로*** p.103에 나오는 '용 만들기' 규칙을 사용해 좀 더 약하게, 또는 다르게 만들 수 있습니다.

체력 주사위: 18d10 (101 HP)
장갑: 30
공격: 명중 +18, 피해 발톱 1d10/물기 6d6
가치관: 중립
경험치: 18,000
참고: *입김 무기* (분노한 고룡은 5라운드마다 한 번씩 근거리 안에 있는 앞의 적 모두에게 화염 입김을 내뱉어서 1d12+36점의 피해를 줄 수 있습니다. 상대는 입김 무기 저항 판정을 해서 성공하면 절반의 피해만 받습니다), *용의 공포* (모든 적은 신체 변형 극복 판정을 해서 실패하면 공포에 사로잡혀 분노한 고룡이 없는 곳으로 도망칠 때까지 모든 판정에 -3 페널티를 받습니다), *비행* (분노한 고룡은 거대한 날개로 날 수 있습니다), *마법사* (분노한 고룡은 4레벨 마법사처럼 캔트립과 주술, 의식을 사용할 수 있습니다. 주문 판정을 할 때 **지능**과 **지혜**는 16으로 간주합니다), *혈족의 냄새* (분노한 고룡은 근거리 안에 있는 자기 후손의 냄새를 맡고 곧바로 알아볼 수 있습니다), *재빠름* (분노한 고룡은 자신과 근접 전투 거리 안에 있는 적의 숫자와 같은 횟수로 공격을 합니다. 최대 발톱 두 번과 물기 한 번), *변신* (분노한 고룡은 자유롭게 인간 모습을 취할 수 있습니다. 하지만 항상 어딘가 용처럼 위압적이고 사나워 보입니다), *진실한 이름* (분노한 고룡은 자신의 진실한 이름을 아는 적에게 취약해집니다)

용의 후손

용의 후손은 분노한 고룡을 모시는 인간 후손들로, 용의 소굴을 지키고, 주인을 위해 보물을 모으며, 자손을 낳습니다. 고룡은 이들에게 자신의 소굴을 잘 지키고 신속하게 의사소통을 나눌 수 있도록 몇 가지 주문을 가르쳐 주었습니다. 용의 후손들은 소굴 곳곳에 덫을 설치해서 전투 시에 불꽃 홀리기 주술을 활용하며, 속삭이는 바람 주술로 서로에게, 그리고 주인에게 어떤 위험이 닥쳤는지 알려줍니다. 용의 후손들은 보통 서너 명이 무리를 지어 바깥을 돌아다니지만, 고룡은 소굴 안에 최대 스무 명까지 이들을 모을 수 있습니다.

체력 주사위: 2d8 (9 HP)
장갑: 12
공격: 명중 +2, 피해 발톱 1d8 (검)
가치관: 혼돈
경험치: 100
참고: *혈족의 냄새* (용의 후손은 근거리 안에 있는 자기 혈족의 냄새를 맡고 곧바로 알아볼 수 있습니다), 주문 (용의 후손은 2레벨 마법사처럼 하루에 주술 2개를 사용할 수 있으며, **불꽃 홀리기**와 **속삭이는 바람** 주술을 압니다)

분노한 고룡 위험요소 시트

위기

위기 효과

1	고룡은 캐릭터의 고향 마을 외의 다른 마을이나 정착지 하나를 무작위로 공격해 불태웁니다.
2	캐릭터의 고향 마을의 농장 하나가 고룡에게 습격당해서 가축과 곡식을 잃거나, 마을의 커다란 사냥터가 잿더미로 변합니다. 이번 겨울에는 고기를 구하기 더 어려워질 것입니다.
3	분노한 고룡이 다시 나돌아다닙니다. 캐릭터들이 이번 주에 조우를 겪으면, 고룡과 마주치는 결과로 정해집니다. 캐릭터들은 아마 숨어야 할 것입니다.
4	고룡은 자신의 부하들을 보내 후손들을 찾습니다. 캐릭터 중 누군가가 고룡의 후손이라면, 이번 주 조우 판정의 결과는 용의 후손 1d6명과 마주치는 결과로 정해집니다.
5	고룡은 어느 도시나 마을로 부하들을 보내 책이나 두루마리처럼 조심스럽게 다뤄야 할 보물을 찾습니다.
6	고룡은 인간 모습을 하고 인간 정착지로 가서 사람들에게 각종 놀이나 경기로 도전합니다. 만약 캐릭터들이 고향 마을에 있다면, 아마 고룡의 도전을 받을 것입니다.

용의 특성

이름:

외모:

기이한 취향:

비늘 파괴자

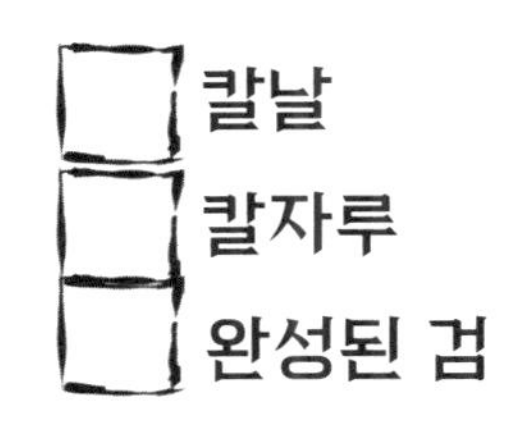

칼날
- +3 장검

칼자루
- 입김 무기 저항 판정 +5

완성된 검
- 명중과 피해에 +3
- 용이나 용의 혈통을 가진 생물에게 피해 두 배
- 장갑 +2
- 입김 무기 저항 판정 +5
- 분노한 고룡의 *진실한 이름*
- 고룡은 근처에 있는 검을 감지합니다.

용의 소굴

위치

용은 __________ 아래 잠들어 있음

소굴 안에 있는 것

- **용의 후손들이 있는 방**
  - 덫: 화로 + **불꽃 흩리기**: 1d6 피해
- **구불구불한 여러 개의 동굴 통로**
  - 추격 장면 (**민첩성**)
  - 길을 잃을 위험 (**지혜**)
- **거대한 중앙 방**
  - 용의 거처: 고룡과 대면합니다.
  - 방을 내려다볼 수 있는 바위: 정찰과 잠입
  - 수많은 보물
- **숨겨진 보물 방**

용의 후손

출현 숫자: 3-4
체력 주사위: 2d8 (9 HP)
장갑: 12
공격: 명중 +2, 피해 발톱 1d8 (검)
가치관: 혼돈
경험치: 100
혈족의 냄새: 근거리 안에 있는 혈족을 판별합니다.
주문: 하루에 주술 2개. **불꽃 흩리기**, **속삭이는 바람**

용

체력 주사위: 18d10 (101 HP)
장갑: 30
공격: 명중 +18, 피해 발톱 1d10/물기 6d6
가치관: 중립
경험치: 18,000
입김 무기: 5라운드마다 한 번씩. 근거리 안에 있는 앞의 적 모두에게 1d12+36 피해. 입김 무기 저항 판정을 해서 성공하면 절반 피해.
용의 공포: 모든 적은 신체 변형 극복 판정을 해서 실패하면 공포에 사로잡혀 도망치거나 모든 판정에 -3 페널티.
비행: 거대한 날개로 날 수 있습니다.
마법사: 4레벨 마법사. **지능**과 **지혜**는 16
혈족의 냄새: 근거리 안에 있는 자기 후손의 냄새를 판별합니다.
재빠름: 근접 전투 거리 안에 있는 적의 수만큼 공격. 최대 발톱 두 번과 물기 한 번
변신: 자유롭게 인간 모습을 취할 수 있습니다. 하지만 항상 어딘가 용처럼 위압적이고 사나워 보입니다.
진실한 이름: 자신의 진실한 이름을 아는 적에게 취약해집니다.

주요 장소: 플레이어들은 돌아가면서 다음 과정을 두 번 반복합니다.

- 새로운 방향과 (북, 남, 동, 서, 북서 등등) 거리를 (가까움, 중간, 멂) 선택합니다.
- 1d8을 굴려 장소의 종류를 결정하고, 연구, 목격, 소문 중 하나를 선택합니다.
  1. 주요 도시, 2. 고대 폐허, 3. 인간 정착지, 4. 최근 생긴 폐허, 5. 비인간 정착지,
  6. 괴물 소굴, 7. 힘의 원천, 8. 다른 세계
- 자신이 만든 정보를 이야기하고, 마스터가 비밀리에 정보 확인 판정을 하는 동안 기다립니다.
  연구: 지능, 목격: 지혜, 소문: 매력

꾸미기:

플레이어마다 한 번씩:

- 다른 사람이 만든 주요 장소에 세부 사항을 하나씩 덧붙입니다.

BEYOND THE WALL
또 다른 모험으로
울타리 너머

음영이 있는 날마다
위기 판정을 하세요.

"간편한" 음력 달력

달의 주기

	1월	2월	3월	4월	5월	6월
1	일 동지	일	일	일 춘분	일	일
2	월	월	월	월	월	월
3	화	화	화	화	화	화
4	수	수	수	수	수	수
5	목	목	목	목	목	목
6	금	금	금	금	금	금
7	토	토	토	토	토	토
8	일	일	일	일	일	일
9	월	월	월	월	월	월
10	화	화	화	화	화	화
11	수	수	수	수	수	수
12	목	목	목	목	목	목
13	금	금	금	금	금	금
14	토	토	토	토	토	토
15	일	일	일	일	일	일
16	월	월	월	월	월	월
17	화	화	화	화	화	화
18	수	수	수	수	수	수
19	목	목	목	목	목	목
20	금	금	금	금	금	금
21	토	토	토	토	토	토
22	일	일	일	일	일	일
23	월	월	월	월	월	월
24	화	화	화	화	화	화
25	수	수	수	수	수	수
26	목	목	목	목	목	목
27	금	금	금	금	금	금
28	토	토	토	토	토	토

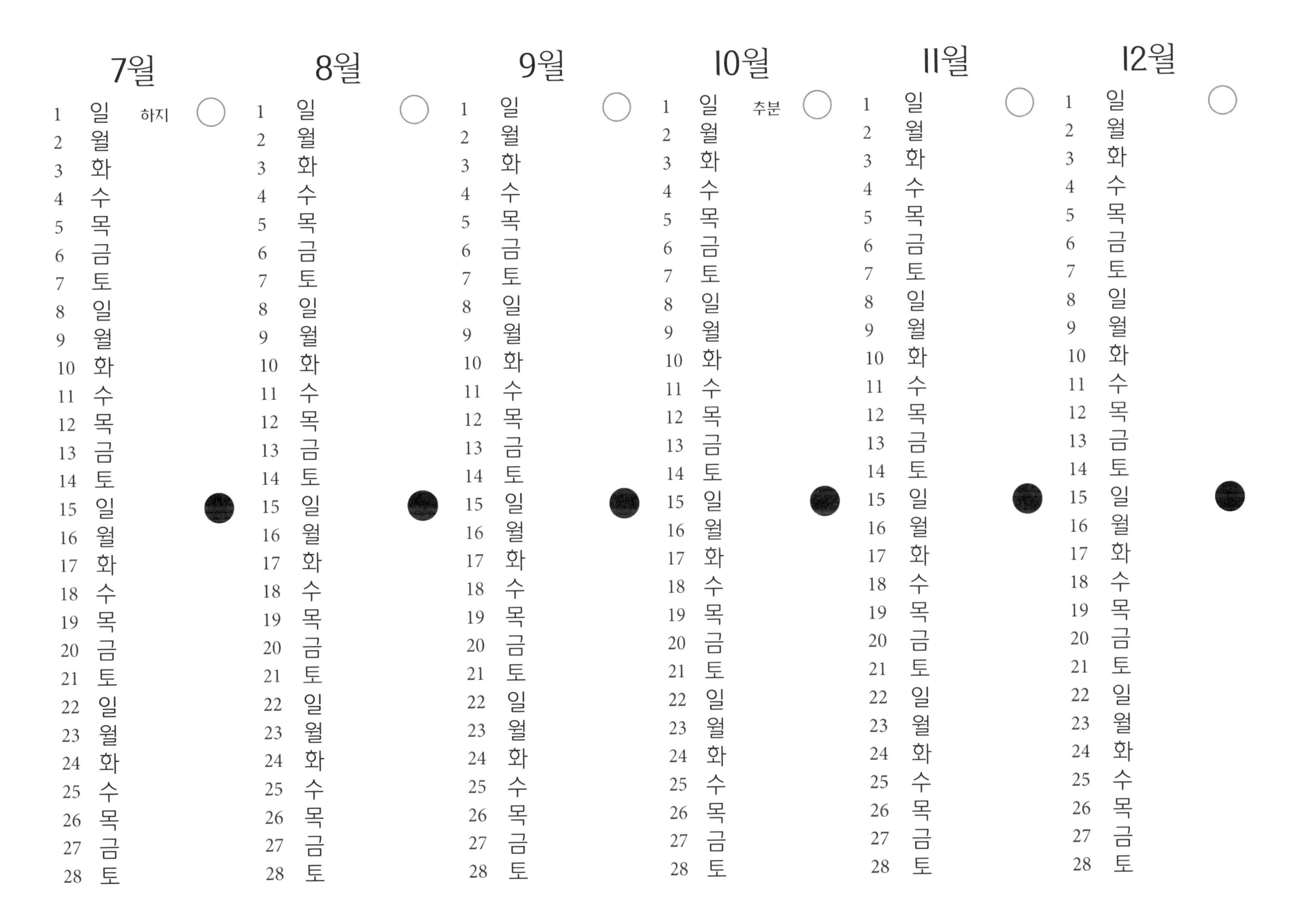

	7월	8월	9월	10월	11월	12월
1	일 하지	일	일	일 추분	일	일
2	월	월	월	월	월	월
3	화	화	화	화	화	화
4	수	수	수	수	수	수
5	목	목	목	목	목	목
6	금	금	금	금	금	금
7	토	토	토	토	토	토
8	일	일	일	일	일	일
9	월	월	월	월	월	월
10	화	화	화	화	화	화
11	수	수	수	수	수	수
12	목	목	목	목	목	목
13	금	금	금	금	금	금
14	토	토	토	토	토	토
15	일	일	일	일	일	일
16	월	월	월	월	월	월
17	화	화	화	화	화	화
18	수	수	수	수	수	수
19	목	목	목	목	목	목
20	금	금	금	금	금	금
21	토	토	토	토	토	토
22	일	일	일	일	일	일
23	월	월	월	월	월	월
24	화	화	화	화	화	화
25	수	수	수	수	수	수
26	목	목	목	목	목	목
27	금	금	금	금	금	금
28	토	토	토	토	토	토

이름:

플레이어:

클래스:

레벨:

가치관:

경험치:

기본 공격 보너스:

행동 순서:

근력 — 근접 무기 명중, 근접 공격 피해

민첩성 — 원거리 무기 명중, 장갑 수치, 행동 순서

건강 — 레벨 당 HP

지능 — 아는 언어

지혜 — 정신 조종에 저항

매력 — 최대 동료 수

극복 판정

독

입김 무기

신체 변형

주문

마법 물품

무기

명중 보너스 피해

명중 보너스 피해

명중 보너스 피해

명중 보너스 피해

장갑 수치

행운 점수

현재

HP

기능:

클래스 능력:

장비:

이력과 참고사항:

BEYOND THE WALL 또 다른 모험으로

울타리 너머

특성

마법

캔트립:

주 술:

의 식:

보관해 둔 물품

전투 방식

기본 방식: 변화 없음

공격 중심: 명중 +2 보너스 , 장갑 -4 페널티

방어 중심: 장갑 +2 보너스, 공격 -4 페널티

경 호: 장갑 +2 보너스, 공격 불가,
경호 대상이 맞은 공격을 대신 맞을 수 있음

지 휘: 장갑 -6 페널티,
매력 판정에 성공하면 아군과 부하의 명중에 +2 보너스

동료와 피고용인

추가 참고사항과 이력

Beyond the Wall and Other Adventures and Further Afield use several terms and names that are Copyright 2000-2003 Wizards of the Coast, Inc. These terms are used under the terms of the Open Game License v1.0a, and are designated as Open Content by that license.

All proper nouns, names, product line, trade dress, and art is Product Identity. Everything else is open game content.

Share and enjoy.
